Manuel Almendro

CHAMANISMO

La vía de la mente nativa

editorial Kairós

© 2008 by Manuel Almendro
© de la edición en castellano:
2008 by Editorial Kairós, S. A.

Editorial Kairós, S.A.
Numancia 117-121, 08029 Barcelona, España
www.editorialkairos.com

Nirvana Libros S.A. de C.V.
3ª Cerrada de Minas 501-8, CP 01280 México, D.F.
www.nirvanalibros.com.mx

Primera edición: Julio 2008
I.S.B.N.: 978-84-7245-683-9
Depósito legal: B-31.177/2008

Fotocomposición: Grafime. Mallorca 1. 08014 Barcelona
Tipografía: Times, cuerpo 11, interlineado 12,8
Impresión y encuadernación: Romanyà-Valls. Verdaguer, 1. 08786 Capellades

Este libro ha sido impreso con papel certificado FSC, proviene de fuentes respetuosas
con la sociedad y el medio ambiente, y cuenta con los requisitos necesarios para ser
considerado un "libro amigo de los bosques".

*Dedicado a Stanley Krippner,
superviviente de la California legendaria*

SUMARIO

Parte II
EN EL CAMINO

Parte III
EPÍLOGO

PRÓLOGO

El mensaje que se da a la humanidad en este libro es que se entienda el uso de las plantas y de la medicina indígena. Desgraciadamente, el entendimiento de las plantas sagradas es poco común hoy en día. La creencia de muchas personas ha sido debilitada por las presiones del mundo moderno que desconoce las propiedades terapéuticas y curativas de las plantas sobre la mente y el cuerpo humano. No obstante, en la actualidad muchas personas sienten la necesidad urgente de adquirir un entendimiento claro de estos vegetales. Estas personas necesitan de un conocimiento que sea sólido y confiable, de hechos sobre los cuales basen sus convicciones y su esperanza, pues, buscan una guía para resolver los problemas cotidianos de la vida y para tomar decisiones correctas en tiempo critico de enfermedades. Este libro les ofrece información más indicada, pero el lector tiene que entender lo que lee. Con este propósito se publicó esta obra para ayudar a entender lo que es la espiritualidad y la curación con las plantas maestras.

En el relato de este libro se pueden apreciar diferentes componentes. Se habla de diferentes aborígenes, muchas razas que dijeron cómo usaban el chamanismo y lo que ellos hicieron con esta ciencia, en sus costumbres de medicina. Ellos usaban muchas clases de plantas porque sólo conocían la medicina tradicional cuando utilizaban las plantas y sus propiedades medicinales, así las personas acudían a un chamán curandero, quien servía como un intermediario entre los vegetales y la gente. El registro de los tratos de los humanos con los vegetales se encuentra en este buen libro escrito acerca de los misterios profundos de los vegetales; y cuanto mejor conozcamos el propósito general de la planta sagrada, más claro puede llegar a ser para las personas. En este respecto esta obra difiere de otras publicaciones. Es un hecho que la investigación del escritor Manuel Almendro ha resultado en que tengamos mucho mejor conocimiento de los hallazgos apropiados de las medicinas tradicionales indígenas, tanto de la amazonía como de otros lugares. Del mismo modo, los investigadores antropólogos y otros han sacado a la luz escritos dignos de interés que pertenecen al tiempo en que se llevaban a cabo estas curaciones. Sin embargo hemos sopesado con cuidado estos datos para evaluar debidamente los puntos de vista que se han presentado, así como las conclusiones a que han llegado los antropólogos y otros doctos, distinguiendo entre lo que simplemente son teorías y lo que claramente son hechos.

Creemos que la persona que lea este libro hallará la información necesaria no sólo objetiva sino también conducente a reflexión. El lector de este libro tendrá ayuda para entender el chamanismo amazónico y de otros lugares del mundo como un instrumento muy útil. Le será provechoso buscar en este libro lo que en ello encuentra en su lectura personal del chamanismo, o sobre lo que no esté plenamente informado. Éste es el libro más absorbente e interesante puesto a disposición de los lectores y estudiantes que quieren tener un conocimiento holistico sobre las ciencias esotéricas de la selva amazónica.

Esta obra se ha redactado con el fin de aumentar no sólo el conocimiento y entendimiento del chamanismo, sino también el aprecio de corazón por su autor. Rogamos sinceramente que sirva para ayudar a centenares de miles de personas a que abran por completo su corazón y sus ojos ante el uso de los vegetales y los demás remedios naturales con plena confianza, devoción y amor.

PABLO C. AMARINGO Sh.

INTRODUCCIÓN

Desde el impresionante árbol caído, en el punto más alto de la colina, se contempla el valle, un tapiz ondulante sin fin que sobrecoge hasta donde alcanza la vista. De esa superficie plana se diferencian algunos tallos poderosos que se elevan en una búsqueda desafiante por la luz del sol otorgando, si cabe, aún más amplitud a este océano verde. El viento casi imperceptible, que proporciona un frescor necesario y un sonido suave y continuo, mece el humo de algunos troncos quemados para ahuyentar las serpientes.

Está anocheciendo ya, pero aún se oyen bandas de ruidosos loros cruzando el aire, algunos tucanes se divisan por sus grandes picos en las ramas peladas de las copas allá a lo lejos, a veces grupos de monos guasa pasan saltando de rama en rama. Ante la venida de la noche todos los animales buscan su hueco en esta vastedad y a pesar del silencio sabes que están al lado, seguramente olfateándote, observándote, debajo de la hojarasca y entre la malla impenetrable de la maleza. Una miríada de sonidos agudos va emergiendo en medio de este olor a humedad penetrante e imprimiendo una vitalidad indescriptible. Entre el magma verde, los graznidos de algunos manacaracos anuncian la lluvia.

Cuando bajo a la maloca ya es noche cerrada, apenas las siete de la tarde, y enfocando la entrada se divisa en el firmamento la Cruz del Sur. La tenue luz de las teas refleja los torsos desnudos de tez morena y los ojos negros y brillantes de los indios shipibos que hoy han acudido a la sesión recosta-

dos sobre las paredes de madera; sólo se mueven para sacu-
dirse algún mosquito o para musitar algo ininteligible. Con
extraordinaria cortesía responden a mi saludo en medio de
una atmósfera que cubre de un extraño silencio el recinto.
Me ofrecen un sitio y una manta, y al momento todo recobra
una quietud conmovedora que te empuja irremediablemen-
te adentro. Poco después el viejo indio sentado en medio del
grupo comienza a fumar intensamente y a emitir unos sopli-
dos rítmicos y ondulantes sobre una copa de madera. A continuación mira a su alrededor y llama uno a uno a los indios,
y después se dirige a mí con una sonrisa familiar y cálida. Se
hace de nuevo el silencio y tras un intenso compás de espera se inician los *ícaros*. Inundados de naturaleza estos cantos
indios surgen de una docena de nativos resguardados en una
choza de madera y hoja de palma. Vistos desde arriba, sólo
son un puntito de luz casi imperceptible en medio de la inmensidad amazónica, ajenos al mundo ruidoso del asfalto y
el neón. Algo ¡tan pequeño! y al mismo tiempo ¡tan grande!
Estos cantos muestran el alma indescriptible de las ramas y
los ríos, de las estepas y de las montañas; surgen del silencio inquietante y de la oscuridad insondable, demandan estar presentes ante el miedo y la muerte, y dice el chamán que
viajarán hacia el cosmos. Lamentos que, como el aullido del
lobo o el bramido del ciervo, llevan un sin tiempo lanzando
una plegaria al misterio.

Amanece, todo ha pasado ya, el frescor de selva húmeda
se te mete dentro. Tomas consciencia de que tienes cuerpo y
de que trocito a trocito vuelves a saborear la maravillosa vitalidad de lo cotidiano. Un sentimiento de gratitud sin límites me embarga y me deja tocado para siempre y sin palabras.
Miro al mundo, los indios han desaparecido, y sólo un ayudante permanece como un bulto bajo una vieja manta. Parece
imposible que el sol salga de nuevo y que los pájaros albo-

rotados vuelvan a sobrevolar la colina, los troncos humean-
tes...; el orden sigue manteniendo la pregunta.

Chamanismo como palabra generalizada por los antropólogos –pero no utilizada por muchas de las culturas indígenas– es una forma de conocimiento y una forma de vivir que
desarrollan la vía de la *mente nativa*.

En primer lugar, como mente propia de "los nativos", palabra con la que se denomina por ejemplo a los indios americanos en particular, y en general a los que son originarios de
un lugar. Pero también *mente nativa* porque representa el momento en que acaba de nacer y podemos decir que está limpia, sin influencias, cercana al mundo antes del pensamiento
y por lo tanto a esa *mente primigenia* de la que hablan los budistas y algunas tradiciones llamémosles sagradas.

Pero el chamanismo también se refiere actualmente a la
vía abrupta, dura, peligrosa y beatífica que se engrana hacia
la conciencia de lo inalterable.

Pero ¿cuál es su fuerza hoy?

Cada día las noticias ponen de manifiesto el mundo en riesgo en el que habitamos y que hemos conformado. No sólo
el poder atómico y el poder genético, los preocupantes cambios climáticos, etc., sino también hemos de mirar con opti-
mismo los potenciales *estados de consciencia* que pueden ser
generadores de las próximas transformaciones de una nueva forma de concebir la vida. Algo no marcha bien y parece
que la vía mecánica, racional y mercantil de Occidente, que
tantos éxitos ha cosechado a niveles materiales, está hoy en
la agonía; lo dice la salud de la gente, la del ecosistema y la
de la ecoconvivencia. Necesitamos urgentemente una nueva
relación con la naturaleza y con la Tierra, sabiendo que no

son piezas inanimadas. ¡Algo falla! A pesar de nuestras poderosas medicinas, nuestros maravillosos inventos, algo falla dentro del ser humano.

Y precisamente lo que nos enseña el chamanismo es el gran respeto que la *mente nativa* siente por el universo y por toda forma de vida. En este sentido se une a todos los colectivos que demandan atención sobre la totalidad de la que todos formamos parte, desde Gaia a la defensa de los animales y de los bosques, ante el desastre psicológico, social y planetario que ya está aquí. Necesitamos la visión chamánica de la vida por dentro, de su fuerza unificadora que integra el mundo como vivo, dinámico y cambiante, en este crisol en el que habitamos, ya que puede que nos ofrezca un nuevo *estado perceptivo* y *de conciencia* que tal vez nos haga conectar con nuestra sabiduría ancestral. Un acercamiento comedido que no caiga en el desprecio intelectualista y soberbio, ni en el adoracionismo ingenuo, ni en el expolio. Tampoco es fácil saber cuál es el límite, hasta dónde se puede uno entregar sin perder el centro rector, ya que ésta es una pregunta interesante que se formula en determinadas ocasiones. Es obvio que a partir de cierto límite no hay leyes, que la preparación es vital, y que es importante no ocupar el lugar experiencialista del cebo en caña ajena. De ello hablaremos, y por eso este acercamiento epistémico y vivencial sin caer en el circo, eso espero. A veces pienso que el chamanismo es un buen pasaporte para después del caos.

Hace muchos años me apercibí mediante la comunicación verbal y no verbal de que los que estábamos investigando en este campo podríamos acabar siendo "puentes" de un saber que hoy se diluye a marchas forzadas entre las parabólicas y el trasiego humano. Un saber según el indígena en el que sus técnicas y sus "plantitas" son concebidas como mensajeros del cosmos, de su inteligencia y de su conciencia. Los puentes se construyen para que los seres pasen de "un lado" al "otro", y viceversa.

Este libro presenta en una primera parte una perspectiva sobre qué es el chamanismo y quiénes son los chamanes, qué es lo que comprende el viaje chamánico y los métodos para ello, así como la oportunidad y el peligro: un aviso para *animonautas*.

En la segunda parte se desarrolla el aporte que el chamanismo puede ofrecer al ser humano de hoy: el chamanismo inspirador, la vía que penetra en lo insondable, así como detonantes sincronicidades con "otros viajes". También aparece la deuda contraída por el autor de este libro con respecto a este viejo saber tanto en lo personal como en las posibles aplicaciones en psicología y psicoterapia, lo que comporta una posible forma de entender la curación como vía de conocimiento.

En esta parte nos decantamos por una exposición más bien práctica de "vivencia de campo", terminando con un epílogo sugerente en el que se exponen las salidas posibles que el chamanismo puede ofrecer. Para ello rastreamos algunas de las opiniones más reputadas al respecto. Es mi intención que este libro abra algún desafío en tu búsqueda.

Parte I

UN MUNDO CHAMÁNICO

1. ¿QUÉ ES CHAMANISMO?

«Nosotros no diagnosticamos únicamente observando la carne del cuerpo material, así, en frío, como los médicos diplomados. Apelamos a la soga del muerto para hacer un diagnóstico completo, porque el ayawaska *sabe. Y una vez tomada la decisión de curar, una vez recibido el permiso, la orden, intentamos que la cura también sea completa [...], nos dedicamos a encauzarlo [al enfermo] en su sangre secreta»* (Calvo, 1981, pág. 191).

Chamanismo se perfila como la palabra aceptada para dar a conocer una forma primigenia de entender el mundo; es decir, aquella que nace con el ser humano en el momento en que, preso de pánico y de ansias por saber, se asombra angustiado ante la oscuridad inmensa y los poderosos fenómenos naturales.

Por cuestión de conocimiento y respeto, hemos de reconocer que el chamanismo no se quedó ahí y que, por lo tanto, siguió las leyes de la necesidad evolutiva inherente a los seres vivos y abiertos al mundo.

Entendemos, pues, que el chamanismo ha representado una vía primordial para entrar en contacto con las fuerzas de la naturaleza con el propósito de entender y curar, y lo ha hecho desde los helados árticos hasta las cálidas selvas. Estas vías chamánicas han llevado al buscador tanto a desarrollar métodos que han surgido de ese contacto como a la transformación inexorable del propio buscador. No creamos que porque estemos resguardados tras nuestras cómodas ciudades y máquinas la naturaleza ha perdido su fuerza; basta observar a veces cómo demuestra su presencia en los medios de comunicación.

La razón de este libro y del interés por este viejo conocimiento es, por una parte, una muestra más de la necesidad de encontrarnos con esas fuerzas poderosas exteriores e interiores que se escapan a nuestro control y, por otra, la de hallar una salida a la angustia actual del hombre informático. Para ello, en este capítulo desarrollaremos los orígenes de este conocimiento, el viaje del héroe como un buscador a través de los tiempos, y el viaje de la humanidad más allá de los intereses políticos del momento.

Los orígenes del chamanismo se pierden en el tiempo

«[…] tú frutado con las hierbas […] ¡puerta del bosque que no tienes memoria! [...] y cuya base reposa en los infiernos, los escorpiones Girtablilu cuidan su entrada […]»

«Nadie ha habido, Gilgamesh, que haya entrado en la montaña […] su interior es oscuro, es densa la oscuridad, no hay ninguna luz. [...] No ha Gilgamesh paso para ese país, nadie desde que el mundo existe ha atravesado el océano, ¡Quien cruza el mar es Asmas el valeroso! […] la travesía es difícil, muy arduo el viaje. Y, en medio, las aguas de la muerte impiden el paso […] ¿Qué harías al llegar a las aguas de la muerte?»

«Hay un barquero de Utanapishtim, Urshanabí […] los hombres de piedra están con él. Él en el bosque cosecha frutos […] encuéntrate con él […] ¡tantas pruebas! […] ¿por qué, Gilgamesh, te has dejado invadir por la ansiedad? [...]»

«*Hay una planta cuya raíz es como la del espino, como púas del rosal te punzará, pero si tu mano se apodera de esa planta rejuvenecerás.*».

«*Al oír esto, Gilgamesh abrió un agujero, ató a sus pies pesadas piedras que lo llevaron al fondo del Apsu y vio la planta [...]. Urshanabí, esta planta es la planta que quita la ansiedad [...]. Rejuvenece al hombre viejo*» (*Gilgamesh*, págs. 92, 117, 139, 141, 149, 150, 159, 183, 184).

Breve historia. El 2500 a. de C. alguien escribió un poema en la lejana Babilonia en lengua acadia del que forman parte estas palabras. Posteriormente fue de versión en versión pasando de una época a otra, de una civilización a otra, hasta llegar a nuestros días. *Gilgamesh* nace de la angustia ante la ignorancia y la muerte. La búsqueda en este caso está llena de una sofisticación, de una agudeza que asombra. En él están todas las cuestiones que atañen al hombre de hoy día y el tiempo no ha hecho mella en esta pulsión. Es un texto de inquietante posmodernidad, que pone de manifiesto que la sabiduría a la que el chamanismo se refiere no es esclava de la historia, a pesar de que desde los tiempos presentes siempre se mire con cierto desdén y se equipare lo antiguo con lo primitivo. No parece que eso suceda con el tipo de conocimiento llamado *sabiduría antigua* al que algunos estudiosos denominan *filosofía perenne*, una actitud que muestra a través de los años el camino marcado por el ser sobrecogido por la ignorancia y la verdad incuestionable, siempre a prueba. Este poema hunde sus raíces en la búsqueda del sentido último de la vida, lo que lleva consigo un reto puesto de manifiesto a lo largo de la historia: la muerte. De hecho, en la filosofía moderna se admite que desde la lógica es imposible racionalizar el sentido último de la existencia.

Aunque situemos las prácticas chamánicas en la antigua humanidad no podemos olvidar que el conocimiento de la palabra *chamán* para la cultura occidental es relativamente moderno. El encuentro con este vocablo tal vez se haya producido en el siglo XVII cuando los rusos comenzaron a colonizar Siberia. Sin embargo, los primeros estudios sistematizados corresponden a los españoles que durante el siglo XVI fueron enviados por la Corona española a la Nueva España para recopilar conocimientos sobre prácticas y uso de plantas. Nos referimos a G.F. Oviedo, N. Monardes y F. Hernández y sus obras (Pardo, 2002). Como vamos a poner de manifiesto, originalmente el chamán no fue bien visto por la mayor parte de los colonizadores en todos los sitios a los que accedieron. Descalificaciones relativas a su falsedad se dieron durante la época de la Ilustración, en el siglo XVIII. A partir del nacimiento de la antropología se les calificó de primitivos y salvajes, como correspondía a las apreciaciones intelectuales. Es a partir del siglo XIX cuando algún antropólogo comienza a establecer identificaciones positivas. Al principio del siglo XX, el antropólogo danés Knud Rasmussen (1927, 1929) publicó sus vivencias, que fueron llevadas al cine, y se convirtió en un pionero entre los investigadores. Famosos antropólogos como Lévi-Strauss rompen alguna lanza a favor del chamán, pero sobre todo fue Mircea Eliade (1994), antropólogo rumano, quien al parecer entró con respeto y conocimiento en el misterio chamánico, publicando en 1951 la famosa obra *El chamanismo y las técnicas arcaicas del éxtasis* en la que se otorga al chamanismo rango de conocimiento religioso.

Como veremos, la explosión chamánica se va a producir en la segunda parte del siglo XX con el triunfo de los medios de comunicación y los artículos en revistas de moda como *Life*, en la que el banquero R. Gordon Wasson publicó sus experiencias con hongos en la sierra mazateca, México; a partir de aquí se desencadenaron las peregrinaciones de los jipis en la década de 1960 y las obras de Carlos Castaneda.

Sin embargo, más allá de la propaganda norteamericana, el chamanismo como observación participativa sigue siendo un misterio, puesto que lleva en sus tripas la transformación del propio sujeto encarado por la soledad ante lo incognoscible. El chamanismo apenas se distingue por la acumulación de datos. Quizás por ello el chamán desprecia la intelectualidad sobre el chamanismo y no me extraña que permanezca mudo cuando se le descalifica en medio de los conflictos de creencias que pretenden poseer la clave sobre la naturaleza fundamental de la realidad. No cabe duda de que no se puede hacer una apología del chamanismo como salvación en general, puesto que lo que se denomina como tal goza de puntos luminosos y prácticas terribles. (Hay perspectivas generales en Poveda [1997] y Narby y Huxley [2005].)

Del viaje del héroe

> *«La travesía del héroe mitológico puede ser incidentalmente concreta, pero sobre todo es interior, en profundidades donde se vencen oscuras resistencias, donde reviven fuerzas olvidadas y perdidas por largo tiempo que se preparan para la transfiguración del mundo»* (Campbell, 1993, pág. 34).

La *búsqueda del sentido de la vida* ha estado presente desde el comienzo de los tiempos y se le ha dado el nombre de "el viaje del héroe" al aplicarla al ser humano. Nadie como Joseph Campbell ha puesto de manifiesto esta incuestionable pregunta que sienta sus raíces en lo más profundo del ser. La *búsqueda del héroe* está presente muchas veces de forma subliminal en todas las religiones, mitologías y sistemas humanos, dotados de una alta percepción de la realidad, es decir aquellas civilizaciones que han sido capaces de crear un cosmos. El héroe intrépido buscador del sentido atraviesa la oscuridad de la noche existencial a partir de una petición de su propio interior que le hace apartar toda distracción. De alguna forma podemos decir que pierde la condición humana atada a las convenciones. De hecho, la propia humanidad, probablemente por exigencia evolutiva, mantiene la tendencia de esta disposición hacia lo desconocido. Las enseñanzas de iniciación y regeneración, los *sacramentos portadores de la gracia* entregados a la antigua humanidad se mantienen a lo largo de la historia esperando *la llamada interior*. El *viaje del héroe* encara el *laberinto humano* anclado en la expectación, ha de atravesar el coso a fin de llegar en soledad vestido de luces y bajo la encarnación de la unidad, de lo masculino y lo femenino, hasta el encuentro con el toro-demonio, simbolizado en la montera, dando paso a la tragedia, la comedia o la epopeya. Sea cual sea el caso, hay un reconocimiento de la vida universal que requiere poner la intención en el mundo interior, donde se han de vencer oscuras resistencias y taparse con cera los oídos ante las trivialidades y las devaluaciones, a fin de llegar a la transfiguración. Los sueños presentes en todo ser viviente han representado siempre una forma común de saber "acerca de", pero a veces la vida diurna es demasiado atrayente como para que la marca deje huella.

Si queremos introducirnos en el viaje del chamán, es una buena antesala conocer el mito del *viaje del héroe*. La *llamada interior* general a toda aventura representa un primer aviso que puede ser negado –como le sucedió a la mujer de Lot o a Pablito en los relatos de Castaneda–. El buscador puede ser hostigado tanto por este aviso como por el emergente miedo a la aniquilación. Después ha de ser capaz de integrar esa llamada y confiar, según dice Campbell, en la ayuda sobrenatural para ir cruzando los umbrales, guardados por el arcádico dios Pan, generador del pánico, de la misma forma que Buda alcanzó la libertad cuando accedió al principio trascendente que está detrás de los nombres y de las formas. También en esta llamada como prueba está la probable visión del *mysterium tremendum*, el enigma terrorífico en la noche de Getsemaní (Otto, 1980) hasta llegar –si ha sido superado– a la beatitud indecible, el contacto con lo numinoso que justifica todo sufrimiento.

Posteriormente, llega el camino de la prueba que conlleva la humillación de los sentidos, el retiro de las cosas del mundo, como se expresa en el mito sumerio del descenso de la diosa Inanna al mundo inferior, a la gran profundidad, abandonando la Tierra. El héroe debe dejar el orgullo, atravesar el horror, la repugnancia, la locura, el fanatismo, y someterse a lo absolutamente intolerable. La aniquilación del hombre no es más que la aniquilación del ego. El encuentro con la diosa del mundo representa la última aventura, la del alma triunfante: el héroe ya puede contemplarla sin miedo, sin accidentes, y entrar en la reconciliación con el padre en la apoteosis ante una realidad que supera lo objetivo y lo subjetivo. El regreso, al igual que en el cuento budista del pastoreo del buey, supone echar una mano en el mercado. Ya puede cargar con el vellocino de oro, despertar a la princesa dormida: la humanidad. Para entonces ya ha sabido que las brujas se convierten en diosas y los dragones en guardianes de los templos, hallazgo no exento del peligro cuyo verdugo es la espada de Damocles, como atestiguan los suicidios, la existencia de los psiquiátricos y las muertes repentinas.

Puede haber una negativa al regreso humano –no es fácil volver del jardín, del paraíso–, y probablemente puede haber una huida mágica, puede que hacia el poder, lo que explica determinados personajes históricos. El regreso supone encontrarse de nuevo con las ruidosas obscenidades del mundo, el carrusel de las formas, las inestabilidades entre el júbilo y la congoja, la persecución imparable de los objetos, mundo

que es desafiado por la llamada interior, puesto que ya se ha
roto con lo política y socialmente correcto. Para entonces el
héroe ya se ha convertido en un traductor entre los dos uni-
versos, un mito cuyo sentido es la forma como el espíritu se
comunica con la realidad ordinaria.

El viaje del héroe parece formar parte de un ciclo universal, como si el propósito cósmico estuviera embarcado en un
viaje semejante a gran escala y empujara así la rueda de este
gigantesco proceso de evolución; como si la materia llevara
consigo la durmiente plenitud del silencio que espera desple-
garse bajo la propia materia, el dolor, el espacio y el tiempo.
Lástima que todo este esfuerzo esté siendo considerado como
una fantasía primitiva e irracional por parte del materialis-
mo científico que inunda nuestras vidas. No olvidemos que,
a partir de los nuevos paradigmas, la ciencia ya está abriendo
nuevos ojos; sólo se necesita una masa crítica proporcionada
por la propia evolución de la conciencia humana.

Chamanismo y el viaje de la humanidad

> *«¡Qué bonita sale la luna alumbrando a todo el mundo!»*
> Ícaro Asheninka (Juan Flores).

Mircea Eliade (1994) sugiere que es lógico suponer que el
ser humano desarrolló formas religiosas desde épocas anteriores a la edad de piedra, extendiéndolas posteriormente por
casi todo el planeta a través de los continuos flujos migrato-
rios bajo una forma de vida nómada y rural, apenas sujeta al
calendario, espontánea y poco jerárquica. También se sugiere que esta forma chamánica de vivir haya emergido espon-
táneamente como una tendencia innata del ser humano para
afrontar el mundo. Encarar la enfermedad, el dolor y la muerte, encarar situaciones límite, ha sido y es común a todo ser

vivo, y permanece inalterable desde el origen de la humanidad. Es muy posible que estas situaciones hayan servido de detonantes para posibilitar la evolución sellando así pasos irreversibles entre un antes y un después. La toma de decisiones y el arrojarse a iniciativas desconocidas deben de haber marcado el rumbo humano. El descubrimiento y utilización consciente del fuego fue una de las grandes consecuencias de este ánimo evolucionista, que se remonta a unos 400.000 años, y con ello numerosas ceremonias vinculadas a esa práctica. La custodia del fuego, por razones de seguridad, de necesidad y de simbolismo, está presente en muchos pueblos del planeta. El fuego limpia y purifica, como también las cenizas, poniendo de manifiesto la impermanencia de nuestro mundo.

Se da por descontado que las sustancias inductoras de otras formas de ver la realidad han estado siempre presentes en la evolución humana, y se han encontrado restos de ellas en tumbas milenarias. Krippner y Winkelman (1983), recogiendo diversos estudios y a partir de los procesos perceptivos, exponen el valor de las bases neurológicas estructuradas que permiten ese "poder perceptivo", tanto en el orden mágico como en el estético.

La muerte ha sido compañera fiel del chamanismo. El culto a los muertos seguramente marca una clave en la adquisición de una memoria colectiva, pero sobre todo la muerte, desde el comienzo de la historia humana hasta la actualidad, marca el desafío de nuestra incertidumbre y de nuestra necesidad de entendimiento. De hecho, entre el cerebro del hombre de Cro-magnon (30.000 años) y el nuestro actual no existen diferencias (Rubia, 2006). Por lo tanto en el chamanismo ya ha existido un desafío del ser humano a la muerte, además de una lucha para superar la enfermedad, y en todo este entramado vital, en el chamanismo ha existido una forma de dar sentido a la colectividad y a la vida frente a lo inabarcable que no ha menguado ni un ápice desde la época de las cavernas hasta la de los rascacielos.

Si el chamanismo es esencialmente un método, como sostiene Michael Harner (Almendro 1996), desde luego ha sido el primero en tantear y conseguir un acercamiento entre el ser humano, la naturaleza y el cosmos, y en dar respuestas frente a la crisis, el dolor, el miedo, la enfermedad, el poder y la muerte.

A partir de la devaluación como primitivismo, podemos plantearnos si la *mente nativa*, la atención limpia de la niñez de la humanidad, puede llegar a ser un buen método. ¿Esta condición de inocencia –limpia de los intereses mediáticos y a veces perversos del mundo de hoy– como la mirada de un niño daría garantías de que es la actitud clave para obtener el calor y el conocimiento? Curiosamente, la atención inocente es la atención del zen, y sus maestros señalan que representa a la Gran Mente, la cual atraviesa civilizaciones y, a semejanza del fuego, mantiene el misterio.

Tengamos en cuenta que el chamanismo, como vía religiosa, social, cultural etc., ha llegado a extenderse por todo el mundo; lo encontramos muy bien representado en Siberia, América, Australia, etc., y originalmente en sociedades dinámicas, poco estratificadas políticamente, como la de los cazadores y recolectores.

2. ¿QUÉ ES UN CHAMÁN?

En este apartado desarrollamos tanto las obligadas definiciones como ciertos "qués" y "cómos" del chamán. También algunos aspectos clave que debemos tener en cuenta.

La palabra *chamán* es de origen tungu (Asia central, Siberia), aunque los filólogos discrepan sobre su origen. Algunas investigaciones le reconocen origen manchú, sánscrito y pali. Lo importante es que semánticamente está relacionada con "conocimiento" y "calor", dos ideas clave para entender el mundo chamánico y creo que inherente a la condición humana. La figura del chamán ha estado presente con diferentes nombres en las culturas antiguas y la palabra *chamán* ha sido finalmente aceptada por el intelecto occidental; ahora bien, es difícil encontrar un curandero indígena en América que se la adjudique. Las definiciones de chamán van genéricamente desde la persona que tiene poderes para curar y establecer contacto con el más allá, como en el caso de los siberianos («curandero indígena que modifica su conciencia a fin de obtener conocimiento y poder proveniente del mundo de los espíritus para ayudar y curar a los miembros de su tribu» [Krippner, 1990]) hasta las de Mircea Eliade (1994), para quien el chamán es esencialmente «el que conoce las técnicas arcaicas del éxtasis».

Podemos observar que las definiciones hacen referencias a que el chamán tiene poderes especiales, a la capacidad de disociar el alma del cuerpo, a la ayuda de los espíritus, a la confrontación de los más grandes miedos y sombras de la vida, a ser capaz de surcar el mundo de las tinieblas, etc. Otras definiciones remarcan su aportación social como guía, sanador y persona capaz de generar conexión entre los demás.

El chamán y la chamana es, por lo tanto, aquella persona que ha pasado por el proceso de aprendizaje y transformación entendido como el tránsito entre los dos mundos que la tradición le señala: el mundo de los vivos –el mundo de los muertos, el mundo de los seres materiales– y el mundo de los espíritus; tránsito que será diferente según la tradición. Y de pronto uno se percata de que tal vez este viaje entre el mundo de lo conocido y el de lo desconocido ha sido y puede ser el viaje y la razón de ser y conocer de nuestra existencia, y que además está presente en todas las tradiciones sagradas y filosóficas de la humanidad.

Una característica común a la tradición chamánica es que esa transformación implica un aprendizaje práctico, un paso por el territorio, atravesar la vía del *curador herido*, aprender sufriendo hasta un cierto punto necesario para que el "aprendiz de brujo" pueda acceder al conocimiento de la herida total. Salud, enfermedad y sufrimiento se consideran, pues, como una manifestación de la sabiduría peculiar del cuerpo. Es importante recalcar que, como muestra del exquisito conocimiento de esta sabiduría antigua, el chamán se diferencia tanto del curandero –dedicado exclusivamente a curar– como del hechicero –básicamente ritualista y, a veces, brujo–. El chamán es tanto un *hombre-medicina* como un *hombre de conocimiento* que ofrece un orden y una cohesión a su mundo.

Pero ¿cómo se hace un chamán y qué es lo que hace? Por ejemplo, en la tradición siberiana, ya sea mujer u hombre, se le distingue porque ha sido enseñado por los espíritus con el propósito de ayudar a los que sufren a causa de esos espíritus. Por lo tanto, al chamán se le reconoce porque es una persona capaz de controlar esos estados no ordinarios de conciencia y ofrece respuestas a las necesidades del grupo. Por ejemplo, se le valoran sus éxitos curativos. El éxtasis chamánico, propio del chamán, representaría el viaje del alma hacia otros reinos, bien para ascender a los cielos o para descender a los infiernos, reflejando ese viaje la particular visión del cosmos de cada etnia.

Para el antropólogo Michael Harner (1987) –uno de los más comprometidos investigadores en este campo–, el chamán, a través de estados de conciencia, lo que pretende es contactar y utilizar la realidad escondida a fin de adquirir conocimiento y poder para ayudar a otras personas. De nuevo aparece como clave la interacción con los espíritus, de modo que esa realidad oculta y este contacto pueden ser dos aspectos fundamentales para definir el chamanismo. Tan importante es esta cuestión que Walsh (1990), en su acercamiento teórico a este estudio, también la define como elemento fundamental y además la coloca como un tema abierto a la discusión, ya que la mente occidental interpretaría estos fenómenos simplemente como creaciones subjetivas. Es fácilmente reconocible la distancia insalvable entre la mente occidental actual, que concibe básicamente la realidad como racional y material –como consecuencia en conflicto con la sabiduría antigua–, y mundos religiosos para los cuales la realidad se extiende a espacios y seres inmateriales.

Todas estas reflexiones nos llevan a plantearnos la necesidad de la búsqueda generalizada del sentido de la vida como proceso evolutivo. Por ejemplo, Krippner y Winkelman (1983), a partir de una perspectiva plural, defienden el valor epistemológico del chamán en el contexto evolutivo humano. Así, recogen que ciertos chamanes mexicanos poseen capacidades cognitivas que los distinguen de los no chamanes; consecuentemente se produciría un impacto colectivo a partir de estas potencialidades al proporcionar a su sociedad ciertos conocimientos inasequibles para los demás individuos; entre los principales, el poder de curar como un acto extraordinariamente válido que va a permitir que el sujeto se integre en su sociedad. Krippner y Winkelman exponen que el trabajo de investigación del chamán ha de haber influido en la evolución de sus estructuras neuronales y proporcionado otros potenciales como la habilidad para la construcción de categorías, el potencial para representar roles y la capacidad para experimentar de forma vívida el mundo.

El chamán, según Krippner y Winkelman, tuvo que representar un papel importantísimo en los primeros humanos, ya que era el miembro de la comunidad que proporcionaba respuestas a los desafíos ambientales de aquellos tiempos y lo hizo en una vía de integración con la naturaleza. Por ello el chamán recibe su conocimiento directamente de esa naturaleza. Como señalan Krippner y Winkelman, este conocimiento parece estar presente en todo el planeta, e incluso en nuestra sociedad, cuando destacados artistas afirman el origen divino de su inspiración.

Y en este sentido, cuando hablamos de estados de conciencia desde una perspectiva evolucionista, llegamos a la presunción de que estos procesos, en principio de matriz psicológica, pueden acceder a umbrales transpsicológicos; es decir, a estados puestos de manifiesto por la tradición espiritual en todo el planeta. Así, Combs y Krippner (2003) exponen que según estas tradiciones estamos hablando de algo más que de estados de conciencia en el sentido de que estos reinos del ser posiblemente no podrían ser reducidos solamente a estados psicocorporales. Estas posibilidades también se recogen en Almendro (2004), en cuanto a la relación entre el mundo de las realidades objetivas y el mundo de las realidades subjetivas. El desafío está en admitir la posibilidad de que esas realidades objetivas existan independiente de que sean o no percibidas. Es decir, a partir del chamanismo nos acercamos a la frontera epistemológica de admitir o no admitir una realidad transmaterial –base del conflicto que antes hemos establecido– y clave, por cierto, de toda la tradición milenaria.

Se consolida entonces que al chamán se le diferencia de otras manifestaciones de la rareza humana, como los espiritistas, los curadores esotéricos, religiosos y espirituales, los curadores intuitivos. Por ejemplo el estado chamánico no parece llevar consigo un trance cinético en el que la persona es poseída por un espíritu y en el que no existe conciencia, como en el vudú. Es decir, parece que es requisito del chamán el ser consciente del lugar o estado en el que se encuentra, ya sea físico, psíquico o transpsicológico. El chamán trabaja a través de lo que se ha venido en llamar el *estado de conciencia chamánico*, y en este estado de conciencia invoca al infinito y se abre a una realidad inimaginable en la que percibe los cimientos del mundo.

Combs y Krippner (2003) plantean una pregunta interesante y delicada que dejamos en el aire: ¿en qué momento el individuo se hace consciente de esos reinos sutiles del ser?

ASPECTOS CLAVE QUE TENER EN CUENTA:

• *La recuperación de la sombra*. El chamán es un experto *perforador de la sombra*, esa zona desconocida de nosotros mismos y del mundo a la que hemos de acceder para seguir nuestro proceso de conocimiento y evolución. El chamán viaja a los mundos abisales para curar, obtener información y conseguir poder además de ampliar su horizonte evolutivo personal. Cuanto más nivel de sombra haya atravesado

–aprendizaje del curador herido–, mayor será su capacidad para afrontar el peligro. Y los hay: una oración mazateca dice «este agua que yo arriesgo a las puertas de mi casa que sirva para darme salud, fuerza y conocimiento». Es de ley remarcar que el viaje chamánico no es un juego visionario.

• *La naturaleza como libro*. Para el chamán, su método implica una comunicación-comunión con la naturaleza. Es fácil encontrar respuestas como "la plantita me lo dice" cuando se les pregunta sobre cómo adquieren su conocimiento. O acuden a entidades de las fuerzas de la naturaleza como el viento, la tormenta, etc. Don Patricio, un indio mazateco, afirma que «el hongo es hijo del instante entre la lluvia y el relámpago». Hay enseñanzas centenarias en las que, a modo de ritos de paso, se prepara a los aspirantes para superar pruebas e ir más allá del límite hasta alcanzar el estado de conciencia chamánico. E incluso en algunas culturas se entiende que la enfermedad es enviada por los espíritus como prueba. Por lo tanto, no es considerada como un mal al que hay que cercenar, sino como una bendición sobre cuya transformación se ha de evolucionar. Para el chamán, el entorno natural está en continuo movimiento, todo responde a un flujo vibratorio, a una fuerza vital inteligente y comunicativa, a un universo latente, dinámico y cambiante, que unifica la vida. Todo está dotado de una energía que puede ser captada desde los estados chamánicos para producir cambios y alegría de vivir.

• *La importancia del linaje*. El chamán pertenece a un linaje, proceso decisivo que ha marcado su preparación. Es decir, ha tenido un maestro que posteriormente, a su muerte en muchos casos, se convierte en guía y ayuda en las ceremonias; en ellas se acude a la presencia de su espíritu a través de cantos y oraciones. El linaje exige una transmisión directa; es decir, pasar por el proceso práctico y presencial del aprendizaje que va de maestro a discípulo. Por lo tanto, el instrumento y medio, ya sean plantas, cantos, sonidos, dietas y demás tecnología, necesitarían la esencia del maestro en la mayoría de las tradiciones.

3. EL VIAJE CHAMÁNICO

Convertirse en chamán lleva consigo un largo proceso que se inscribe en el viaje del héroe puesto previamente de manifiesto. Este proceso lleva un orden considerado ya como lugar común entre los estudiosos y practicantes del chamanismo y, como tal, requiere de toda una vida:

–La llamada y la crisis.
–El aprendizaje.
–La llegada.
–El servicio: viaje hacia la curación, la ayuda y la expansión de límites.

LA LLAMADA Y LA CRISIS

El sentir interiormente *la llamada* es la primera señal del que va a convertirse en chamán, y su tarjeta de visita no parece ser, al menos al comienzo, un estado de gloria.

La enfermedad y la crisis generalizada aparecen en el neófito bajo una situación de confusión y creciente insatisfacción con el mundo que poco a poco va minando su seguridad. Para decirlo de una manera entendible hoy, es una especie de crisis existencial en la que la persona siente que los deseos convencionales y aceptados por todo el mundo ya no le valen ni la sostienen, e incluso son percibidos por el aspirante como alienantes y triviales. El sinsentido de la vida se hace presente con toda su crudeza, aunque esta oscuridad de vez en cuando deja escapar unos destellos de luz a los que el neófito se aferra como a un clavo ardiendo entre las dudas de si está en el camino del conocimiento o de la locura.

La crisis chamánica se concreta en signos físicos y psíquicos extraños y singulares reconocibles para un chamán experto. Puede ser que el aprendiz escuche voces, tenga sueños extraordinarios acerca de espíritus, algunos de los cuales hablan al aprendiz y le instruyen sobre cómo llevar el proceso, le informan sobre la muerte de personas conocidas, en medio de sensaciones extraordinarias, sentimientos y conductas extrañas que no pueden ser interpretadas ni como psicosis ni como ningún otro tipo de enfermedad mental. Bien es cierto que otras veces aparecen síntomas de tipo epiléptico o enfermedades físicas importantes que desaparecen de forma inesperada. La crisis es el resultado de una confrontación entre la experiencia de lo sagrado y el mundo ordinario; por lo tanto, una crisis de separación, estableciéndose así el reto chamánico del que hablamos: el aspirante ha de saber unir esos dos mundos.

Eliade (1994) describe estas técnicas de éxtasis en el sentido de que llevan consigo un período de intensa actividad onírica, alucinaciones que determinan la capacidad chamánica; la persona se hace meditativa, como ausente, busca la soledad, con necesidad especial de dormir; todo ello representa el preludio de una inminente transformación. Y este tipo de comportamiento se da en etnias que no han tenido contacto entre sí y que, por lo tanto, están muy alejadas unas de otras. Se dan tanto entre los indios de Norteamérica y Suramérica como, por ejemplo, entre nepaleses. De nuevo, para entenderlo a fecha de hoy, destacamos que esta crisis lleva consigo la desintegración de las viejas estructuras y de las viejas identidades, y consecuentemente proporciona la creación de una nueva forma de ser. Lógicamente, entre uno y otro proceso

se transita en tierra de nadie, se pierde la confianza y se carece de toda base firme. Karl Jaspers (1970) en 1913 ya lo puso
de manifiesto a partir del valor de la crisis desde la perspectiva fenomenológica. Este proceso puede ser entendido psico-
lógicamente como crisis de búsqueda y definido como *crisis
emergente* (Almendro, 2002).

Por lo tanto, atravesar la enfermedad y el miedo son aspectos inexcusables en el viaje chamánico. Podríamos decir
que esta situación de llamada es en realidad la irrupción del
"otro lado" –como denominan los indios mazatecos del sur
de México al "lado del espíritu"– en el lado de acá, es decir en el lado ordinario: el mundo convencional de la razón y
de la materia. Esta irrupción puede ser abrupta y, además, se
parte de que el origen de estas leyes es desconocido. Lo importante es que el aprendiz de chamán en medio de todo este
sufrimiento goza del apoyo de su comunidad que lo reconoce como tal. Los indios saben bien quiénes son los psicóticos de su pueblo.

El inicio de esta aventura suele ser en la adolescencia o ju-
ventud. Se da el caso en que el aprendiz es detectado antes de
su nacimiento e incluso se le espera ya con ciertos preparati-
vos. Son muy conocidas las referencias tempranas dadas por
Knud J.V. Rasmussen (1929), explorador polar y antropólogo groenlandés de principios del siglo xx, muy interesado en
la cultura de los inuit. Sus viajes han sido llevados al cine.

Rasmussen describe el caso de Aua –indígena pertene-
ciente a la etnia de los iglulik esquimales–, cuya madre, antes de nacer él, fue sometida de forma estricta a ciertas reglas
y dietas. Después de nacer, Aua y su madre tuvieron que vivir durante un año separados de la comunidad, siendo visita-
dos solamente por el padre. O sea que Aua fue elegido probablemente por designios, según se suele escuchar entre los
nativos en casos parecidos.

Y según todas las tradiciones consultadas, el gran inconveniente de esta llamada es que sea rechazada por la persona en cuestión. Se considera que este rechazo puede traer graves consecuencias a la persona elegida y es peor que la aceptación. Por lo tanto, parece que lo idóneo es un encuentro entre la llamada y la vocación.

El aprendizaje.
Una llamada para toda la vida

Como ya hemos advertido, el aprendiz ha de aceptar esta llamada y disponerse a llevarla a cabo. Ello implica encontrar un maestro chamán, un guía que al mismo tiempo que le dé una cobertura lo empuje a entrar y a saber estar en los espacios chamánicos, así como a ser capaz de recorrer el camino de una realidad a otra sin evitar ninguna afrenta.

Ha de aprender la cosmología propia de su cultura, el conocimiento de los espíritus con los cuales se trabaja, sus poderes, las formas de entablar contacto con ellos, los rituales y técnicas, y un compromiso estricto de respeto de las reglas. En el caso de Aua, su crecimiento y aprendizaje fue seguido con expectación por toda la tribu, cumpliendo determinadas reglas, por ejemplo sólo los hombres pudieron comer la carne de la primera foca que cazó, y después tuvieron que estar durante tres días y tres noches sin trabajar y sin cazar.

Sobre esto ha habido discusiones acerca de si este tipo de comportamiento es puramente superstición o responde a otras demandas. Es obvio que existen tendencias innatas al control y a la comprensión de situaciones que se mueven en la incertidumbre existencial. Pensemos en que, ante esa incertidumbre, la comunidad necesita unas reglas sobre cómo alcanzar una vía correcta y además útil para que ofrezca continuidad a la tribu, y que esas reglas marcan unos límites que son válidos para no perderse en el sinsentido de la inmensidad inabarcable, sobre todo teniendo en cuenta la situación de los primeros pueblos ante los fenómenos naturales, las necesidades básicas, los espacios inmensos, enfermedades y muertes. O sea, como admiten algunas perspectivas, esas reglas aparentemente supersticiosas para nuestra visión occidental-racional pueden tener una lógica de tal forma que marquen una señal necesaria de referencia inicial y un camino en el "océano existencial". Por lo tanto, el dar un paso, la capacidad de gestionar una decisión, si acaso la menos mala, da de por sí ya una posibilidad de establecer límites, mediciones y orientaciones, ya sean en un sentido o en el contrario. Lo cual conlleva una adaptación al medio, siempre que no se entienda como un proceso exclusivamente mecánico de gen y ambiente.

Se han hecho experimentos en el conductismo psicológico que han demostrado la necesidad que tienen los animales de presentar un comportamiento "aleatorio" que les otorgue un papel en los sucesos; así, por ejemplo, se observó que una paloma realizaba ciertos giros cuando caía comida, lo que fue interpretado como que el animal los hacía entendiendo que éstos eran la causa de la llegada de esa comida, que por cierto la mano de Skinner (1985) le proporcionaba. Esto ha llevado de forma determinista a entender que rituales y otras tecnologías "primitivas" forman parte de este comportamiento considerado más bien estúpido, ya que estarían contaminados de superstición y sugestión. No se cae en la cuenta de que la situación de la paloma es anormal en la vida natural, sólo se da en las escenas irreales de ciertos laboratorios donde las leyes artificiales pretenden suplantar a las de los sistemas vivos y abiertos. En todo caso, y partiendo de aceptar estos presupuestos, es importante el hecho de que hasta una paloma tenga dotes para actuar por sí misma, incluso dentro del límite de una caja, aunque sea dando vueltas, dadas las dimensiones del *cajismo*. Démonos cuenta de que esta forma de ver a otros pueblos que no pertenecen a nuestro ámbito puede llegar a ser irrespetuosa, dado nuestro *cognicentrismo* como afirma Michael Harner. Es decir, medir con el rasero de nuestra forma de ver el mundo –que en Occidente básicamente hoy día es mecánica y materialista– a otras culturas que han tomado otras vías para comprender.

El aprendizaje del chamán en la actualidad responde a un plan delicado de superación de sí mismo, de profundo conocimiento del potencial humano, e incluso implica prácticas ascéticas absolutamente estrictas que llevan consigo aislamiento y dietas. Por ejemplo, en el Amazonas se prescinde del ají, el limón, la sal; se realizan ayunos y, cuando no, la comida es frugal y escasa. En otras latitudes, se realizan trabajos físicos fuertes, incluso se dan exposiciones extremas al frío o al calor, ya que son recomendados a fin de que en soledad el posible chamán encare sus miedos y sus enfermedades. Las dietas, dependiendo de la tradición, pueden durar desde una semana hasta meses, o prologarse durante años, alternando con tomas de plantas específicas. Los retiros pueden llevar consigo largas estancias dietando ya sea en la montaña o en la selva. Hay casos, por ejemplo, entre los esquimales en los que se da un ayuno riguroso seguido de una dieta mínima unida al frío intenso, manteniéndose el aprendiz exclusivamente concentrado en el contacto con el Gran Espíritu, y apartando de la memoria toda referencia al mundo cotidiano. El encuentro con el Gran Espíritu puede llevar varios meses. Este encuentro supone "conseguir" el espíritu guía que le ayudará en su trabajo. El enfrentamiento con el miedo y la desesperación se hacen aquí evidentes. Hay relatos sobrecogedores sobre este encuentro, desde percibir con meridia-

na claridad cómo el espíritu se aproxima y entra en el cuerpo, hasta verlo como una mujer que, sostenida en el aire, le otorga el poder de convertirse en chamán. Lo más sorprendente de estas vivencias, cuando las he escuchado directamente de shipibos, asheninkas, mazatecos, es la forma clara y sin resquicio a la duda de cómo se producen y el conocimiento que aportan, y entendiendo que esta vivencia es tan intransferible como poderosamente íntima entre la persona y lo desconocido. Los indios son especialmente reacios a hablar de ello.

El aprendiz ha de afrontar pruebas que ponen al descubierto sus límites, sus miedos, sus deseos, sus aciertos y fracasos, que le proporcionan un endurecimiento ante las adversidades y le permiten alcanzar un poder que implica cuerpo, mente y espíritu. Por lo tanto, estamos ante una vía purgativa que nada tiene que ver con el puritanismo. De hecho, el chamanismo se caracteriza por la irreverencia, tal vez como una forma de romper con todo encásillamiento. Tengamos en cuenta que un buen chamán mantiene siempre un comportamiento inesperado.

Para decirlo de forma concreta, el aprendiz ha de atravesar la oscuridad existencial (el mundo de las sombras), encarar a los espíritus y conseguir una visión. Y podemos entender también que en parte este tipo de prácticas basadas en el ayuno, las dietas y el aislamiento han estado presentes a lo largo de los practicantes de las diversas religiones. Recordemos el aprendizaje de Jesús, con cuarenta días en el desierto, sus visiones, también los retiros que practican otras tradiciones, como la budista, los tibetanos en el lamaísmo, etc.

Parece que un elemento determinante del chamanismo es la exposición a esas situaciones extremas, consideradas como un poderoso transformador que va a permitir la limpieza de las pasiones, el odio, la angustia y el miedo. En ciertos casos, este aprendizaje lleva consigo acercamientos a las sensaciones de muerte inminente, a veces tan duras como vivir el desmembramiento del propio cuerpo. Por ello las largas estancias en soledad en la selva, la montaña, la celda, la cruda exposición al frío o al calor intenso a las que hemos aludido, e implica afrontar en soledad –sin intromisiones– al demonio interno. Es en tribus árticas y en Japón donde se propician estas exposiciones drásticas al frío que parecen incomprensibles, aunque se consideran vías expeditivas de acceso al poder. Hay otros casos en los que la base del aprendizaje se da bajo la tutela familiar, el niño crece en un ambiente propicio y al final hereda el saber paterno o materno. Hoy día somos testigos de que muchos chamanes se quejan de que sus hijos se despistan entre las parabólicas y las imágenes del mundo moderno al mismo tiempo que se alegran del hecho de que muchos occidentales acudan a sus enseñanzas.

Aua, el chamán esquimal del que ya hemos dado alguna referencia, confirma estas enseñanzas. Él comenta que durante su aprendizaje entró en estados de profunda melancolía e infelicidad y que de repente todo ello cambió sin razón aparente colmándose de una alegría inexplicable y poderosa. Y en medio de ese ataque, de este enigmático y sobrecogedor estado, afirma que se convirtió en chamán sin saber cómo. Vemos, pues, que el designio fue coherente.

Podemos destacar que en el proceso de aprendizaje del chamanismo la clave parece ser la palabra *perforar*. Es decir, ser capaz de mantener la presencia personal a fin de ir más allá del cansancio, el agotamiento, el miedo, la sensación de frío, el calor extremo, el dolor, como se manifiesta en la historia de *Un hombre llamado caballo*, la resistencia a los sabores tomando plantas agrias o inaceptables al paladar; en fin, perforarlo todo para ser capaz de llegar al otro lado. Puras leyes del caos. Este acceso requiere de tránsito personal sobre ese territorio.

LA LLEGADA

La llegada representa la culminación, el viaje de vuelta, haber pasado por el episodio de muerte y renacimiento. Se ha confrontado no sólo con la muerte física, sino también con la muerte del ego; la vieja concepción de uno mismo desaparece. En ese momento de cambio vertiginoso tiene cabida el llamado rito de paso. Después de años de disciplinas aparece la sabiduría y la compasión manifiesta en un trato especial hacia los demás que puede ser tanto distante, elusivo y penetrante, como compasivo y extremadamente sutil. Una señal de esa sutileza se manifiesta en el empleo de diminutivos continuos en las etnias americanas a la hora de referirse a las plantas o a personas, con un tono dulce y suave que indican lo pequeño de nuestro mundo personal en comparación con la grandeza del universo revelada a lo largo de la práctica. La culminación representa la humildad porque el que ha vuelto conoce, como hemos recalcado, la grandeza imponente de las fuerzas que rigen el universo, por ello entiende que, frente a esa fuerza, el propio chamán carece de importancia personal. Esto le permitirá actuar con más eficacia, liberarse del orgullo, el miedo, el poder egoico y la muerte. Digamos que esta llegada siempre es inconclusa, puesto que el propio proceso así lo requiere; algunos chamanes admiten personalmente que hay veces que entran en regiones que desconocen y que el asombro continúa.

Esta llegada la tenemos bajo el nombre de *satori*, "iluminación", en otras tradiciones como en el budismo zen; los místicos también nos hablan de situaciones parecidas una vez que se ha atravesado la noche oscura del alma y se llega al cántico espiritual; o el ascenso requiere pasar de unas moradas a otras más elevadas. De alguna manera, esto se suma a la sugerencia de que podría haber un viaje arquetípico y, por lo tanto, general en cuanto a buscar el encuentro con ese Gran Ser, y particular en las diferencias en cómo llevarlo a cabo.

Siguiendo la tradición esquimo-iglulik, convertirse en chamán lleva consigo vivenciar de repente una luz inexplicable, un fuego que permite ver a través de la oscuridad tanto física como chamánica. Este episodio nos recuerda la vivencia de Gopi Krishna (1988) y el momento de la explosión de la *kundalini-yoga* en su cerebro siguiendo la tradición meditativa hindú. Vemos que este modelo de transformación, aunque complejo, mantiene interesantes semejanzas. Nos referimos de nuevo a un proceso arquetipal que parece tener comienzo en una desorganización total en que el conflicto llega a niveles insostenibles y que, al llegar a su máxima intensidad, el individuo accede mediante el salto bifurcativo al cambio radical.

EL SERVICIO.
LA CURACIÓN COMO CONOCIMIENTO

Donde la enfermedad se valida como camino

El poder de curar es el cometido primordial del nuevo chamán. La palabra curación va unida aquí al conocimiento y puede entenderse, por lo tanto, que hay una equivalencia interesante entre ambas. Cuando se es capaz de acceder al reino donde esa enfermedad habita, uno puede algo así como despegarla del cuerpo, como si en realidad un tumor no fuera para el chamán algo más que una entidad de tipo "energético" que se instala y se vuelve materia en el cuerpo del paciente. Por ello muchos practican succiones y utilizan determinados rituales para extracciones, aunque éstas sean más bien técnicas propias de hechiceros.

Es importante recordar que el valor de servicio a la comunidad a partir de la curación es uno de los aspectos más valo-

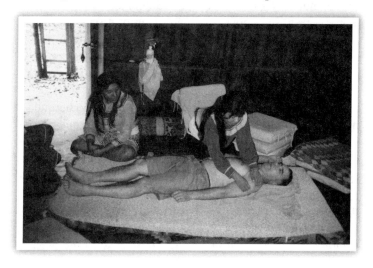

rados del chamán. Por ello el viaje chamánico lleva consigo aprender, ayudar y curar. A veces, como en el caso de los esquimales, el viaje se hace para acceder al espíritu protector, Takánakapsâluk, y tras varias pruebas el chamán se adentra en esas regiones a fin de conseguir de su divinidad comida para el pueblo, conocer los lugares de abundante caza y pesca que el propio espíritu se encarga de proporcionar. Vemos, pues, otra de las razones sociales de la importancia de contar con tal representante.

Vamos comprendiendo que el mundo de la muerte o del paso de una realidad tocable a una intocable, el paso por regiones cósmicas para lo cual el chamán sabe cómo encontrar el pasadizo entre ellas, el contacto con los espíritus, representa lo más enigmático de este mundo del chamán y están consideradas como claves por diversos investigadores. Eliade (1994) así lo pone de manifiesto, además de señalar que toda esta complejidad se traduce en una experiencia mística y concreta. Es la vivencia, el territorio, lo que crea el mapa y no viceversa, si nos atenemos a lo que el chamán expresa. Esta posición, sin embargo, no ahorra discusiones bizantinas entre estudiosos a la hora de la valoración y primacía de la experiencia y la creencia. Quizás en chamanismo todo se resuma a que es necesario pasar *por* para saber *qué*.

La búsqueda de la ansiada curación y el hecho de que se hayan expandido tanto estas prácticas han hecho que no sea difícil hoy encontrarse con enfermos desesperados que, desahuciados por la medicina occidental, recorren la selva buscando un remedio para evitar la muerte.

Podemos resumir que en chamanismo –entendido como un viaje a la curación como acceso al conocimiento– estamos ante la enfermedad concebida como camino de purificación en contacto con una sabiduría superior. La enfermedad, pues, es validada como camino a partir de la naturaleza, como maestra iniciática. Es frecuente escuchar del propio chamán que al final su saber es un misterio.

El viaje hacia la curación tiene varios objetivos:

• Hay una intrusión de espíritus en el paciente, algo que no está en contradicción con que en la medicina alopática se afirme que hay una intrusión de células malignas. Sin embargo, la dimensión espiritual es nuclear en el chamanismo y no en el modelo médico (Krippner, S.; Villoldo, A.; Welch, P., 1992). El chamán ha de descubrir y limpiar esas intrusiones.

• Pérdida del alma o de la protección que se expresa en el desánimo, la depresión del paciente. Es la más grave de las enfermedades según el chamanismo. El chamán viaja para encontrar el alma del paciente. Ha de diagnosticar y tratar.

• Intrusión dañina de algún hechicero. A veces hasta se conoce la identidad del brujo, lo cual puede llevar a una batalla con graves consecuencias.

• El viaje puede ser de tipo didáctico. Se debe a la petición de una persona de convertirse en chamán, para lo cual ha de pasar por el proceso curativo. En todos los casos, el chamán se adentra en el mundo de los espíritus y es consciente de lo que sucede durante y después del trabajo. En otras ocasiones, el viaje se da plenamente hacia los elementos de la naturaleza y por ello los chamanes preguntan a las plantas, a los animales, al viento, etc.

• El viaje responde a un proceso colectivo de generar comunicación y cohesión en el grupo. Hay un problema en el grupo y hay que potenciar los valores de relación, liberar actividad psíquica y hacer emerger el inconsciente tanto individual como colectivo. Por lo tanto, el chamán orienta, da consejo, percibe las interacciones entre las personas y las reconecta curando situaciones conflictivas.

• Se interpretan sueños y visiones. Interpretan situaciones difíciles y extraordinarias. Dramatizan o desdramatizan en razón de la conveniencia curativa. No son enfermistas ni clasificadores. No utilizan una liturgia prolongada.

• Se moviliza la energía grupal e individual tanto a niveles físicos como emocionales, cognoscitivos y transpersonales. Unen estas energías a su concepción y vivencia de un mundo hecho de vibraciones. El chamán manifiesta una cercanía con la persona a la que cura, limpia y purifica, dando sentido a lo que ocurre tanto en el mundo interior del paciente como en sus relaciones con el entorno.

• Enseñan y demuestran prácticamente cómo entrar en un estado chamánico de conciencia, cómo atravesar mundos paralelos y probar que todo en el universo está interconectado.

• Los chamanes entran en conexión íntima con la muerte, rescatan el alma perdida y enseñan el transvase de un mundo a otro.

• Establecen su propósito en relación con el propósito del Gran Espíritu (Krippner y Villoldo, 1976).

Este viaje a otros reinos o estados de conciencia tan extraño para nuestra mente occidental actual no es único en el chamanismo, pues también se da en otras tradiciones, como en la de los budistas tibetanos, en musulmanes, hindúes, taoístas, yogas etc., pero según los estudiosos, a diferencia del chamanismo, no constituyen la base, más bien tienen un carácter ocasional.

Todo este poder el chamán lo adquiere de las energías básicas del universo, contempla con admiración y humildad exquisita la complejidad y la grandiosidad de este universo y, además, es capaz de demostrar en su vida cotidiana tanta lógica y pragmatismo como cualquier occidental. De hecho, es posible que, para un chamán, el hombre occidental viviendo solo en la realidad lógica sea percibido como conformista y excesivamente ordinario. Y para el occidental, el chamán puede aparecer como primitivo. Es obvio que este tipo de vivencias pueden ser bien aceptadas si el occidental las contempla tras el velo culto de la antropología y probablemente son rechazadas de plano si se hace desde una posibilidad real de transformación.

La reflexión sobre esta forma de ver el mundo está hermosamente expresada en la famosa carta del jefe Seattle a James Monroe en 1819, de la que extraemos algunas notas significativas para concluir este apartado.

Es así de elocuente:

> El gran jefe de Washington ha mandado hacernos saber que quiere comprarnos las tierras [...]. ¿Cómo podéis comprar o vender el cielo o el calor de la Tierra? [...] Ni el frescor del aire, ni el brillo del agua son nuestros [...]. Nuestros muertos nunca se alejan de la Tierra, que es la madre [...]. Las escarpadas peñas, los húmedos prados o el calor [...] todos pertenecen a la misma familia [...]. Todo lo que le ocurre a la Tierra les ocurrirá a los hijos de la Tierra.

4. MÉTODOS CHAMÁNICOS

Tecnología de la trascendencia

Según Michael Harner (1987), el chamanismo es esencialmente un método que dará a las personas la oportunidad de trascender su concepción normal y cotidiana de la vida. Precisamente Harner es uno de los antropólogos más reconocidos y pioneros en la investigación de las culturas indígenas, él mismo ha pasado por estas enseñanzas. Esto le llevó a la creación de la Fundación para Estudios Chamánicos (Foundation for Shamanic Studies), en Norwalk, donde se desarrolla un método basado en sonidos rítmicos de tambores y danzas, a fin de que los occidentales puedan conocer directamente la vivencia chamánica. De hecho, hay estudios que demuestran que el sonido del tambor altera el sistema nervioso central.

El método chamánico primordialmente implica un camino vivencial, lo que quiere decir que no se puede acceder al conocimiento chamánico si uno permanece como mero espectador. Hay que estar en el lugar. Y ahí empieza el sufrimiento transformativo como vía imprescindible para participar del secreto.

El viaje implica, como estamos poniendo de manifiesto, el uso de técnicas, plantas, aislamientos, dietas, etc., para poder desplazarse por los reinos del supramundo o inframundo a fin de encontrar las claves de la curación. Ello supone necesariamente la visión de espíritus y entrar en conexión con ellos muchas veces para que dejen de molestar al enfermo y poder así recuperar el alma y, a veces, para guiar el alma del difunto. Estos espíritus son percibidos en forma de animales, conocidos como animales de poder o animales totémicos, con los que hay que contactar y establecer un pacto durante el aprendizaje a fin de que se conviertan en espíritus guía. Todo esto no parece estar lejos de los mundos arquetípicos de las tradiciones de los curanderos occidentales. Estos espíritus proporcionan habilidades y fuerza, si son de ayuda; de lo contrario, el chamán ha de realizar ciertos rituales para alejarlos, por ejemplo usando el tabaco para inmunizar el espacio de las ceremonias.

Metodológicamente, el viaje necesita sobre todo aislamiento, ayuno, celibato, ceremonias de sudor (temascal), exposiciones al frío, vigilias nocturnas, trabajos con los elementos naturales, la lluvia, el mar, el aire, etc. Asimismo,

los chamanes inducen su estado a base de cantos, respirando en silencio, repitiendo frases, danzas, el repicar de tambores, plantas, etc.

Las ceremonias con el vegetal son muy delicadas y tradicionalmente requieren de una larga preparación con numerosas clases de plantas que, aunque no se utilicen directamente para el viaje, sí que son purificadoras y coadyuvantes, y es en el viaje chamánico donde la entidad de esas plantas manifiesta su específico poder perceptivo y curativo. Las plantas no se reducen pues a cactus, hongos y ayahuasca.

Hay algunos métodos específicos:

• Según sea la cultura, el viaje puede hacerse en grupo, formando una canoa espiritual o un grupo de oración colectiva, como en el caso de los mazatecos.

• Un viaje solitario en plena naturaleza a fin de buscar uno o varios animales de poder, el animal totémico que hará al aprendiz resistente a las enfermedades.

• Una de las formas más conocidas y utilizadas en seminarios de fin de semana comienza por visualizar el entrar en un túnel o cueva, ir superando las vicisitudes del camino guiados por el sonido del tambor, con el objetivo de encontrar el animal que espera al final del pasadizo. A veces son necesarios varios intentos. La danza final con el animal, la bienvenida, etc. ponen el broche a la experiencia antes del retorno. En muchas culturas el animal de poder se mantiene en secreto. La adquisición de poder es un elemento importante. En el caso de utilizar plantas, este poder retorna a ellas una vez que el chamán muere.

Muchos de estos métodos están en libros y en las propagandas amontonadas de establecimientos de moda que al menos ofrecen romper la rutina de la vida programada. No está de más decir que esta preparación implica un respeto que es clave para el éxito, y contrasta con las prácticas y hasta con la toma de sustancias que muchas veces, de forma improvisada, se realizan en Occidente.

Tal vez por todo ello toda esta expansión preocupa a muchos investigadores en el sentido de que el chamanismo caiga en la trivialización de la Nueva Era, como lo denuncia Tom Cowan (1996): otra forma de expoliación de la enseñanza tradicional. El deseo rápido dominante en la cultura occidental a la hora de conseguir objetos de consumo o el rechazo fanático puede constituir un veneno mortal para hallar la enseñanza milenaria, así como las drogas del sábado noche se pueden convertir más en una trampa mortal que en una salida del laberinto.

Los métodos son básicamente no verbales

La comunicación no verbal, el baile como don Genaro en los relatos de Carlos Castaneda, la lectura intuitiva del cuerpo, implican una percepción directa, como si de alguna forma se estrechara la distancia entre el sujeto y el objeto y comenzaran a fundirse. La percepción como función-puente para saber cómo es el mundo es un elemento clave de investigación en psicología; sobre ella se fundó la escuela de la psicología de la Gestalt. También constituye uno de los retos claves en la evolución de la psicología moderna (Monserrat, 1995 y 1998). Interesante es preguntarse *por qué* percibimos y *cómo* percibimos, puesto que de ello depende nuestra existencia. Recordemos que la percepción chamánica, la percepción directa, tiene que ver con el estado de la mente nativa, la mente primordial, la mente budista.

Este tipo de percepción lleva consigo un estado expandido de conciencia descrito a veces como una salida del cuerpo. Particularmente, este método conlleva un trance no cinético; el sujeto visto desde fuera se percibe como estático y abstraído, y poco tiene que ver desde el punto de vista chamánico con los estados de trance cinéticos de posesión en los que se produce amnesia, puesto que no hay conciencia. Ésta es algo inherente al saber chamánico.

Comunicación verbal

Hay comunicación verbal, pero escasa, muy apoyada con gestos y limitada a afirmaciones y a palabras frase, *holofrases*, en las que una sola palabra en un determinado contexto da toda la información necesaria. Es obviamente un lenguaje directo. Hay chamanes que, sin embargo, son muy hieráticos y apenas musitan sus escasas intervenciones, sobre todo cuando están frente a occidentales. Sin embargo, pueden ser atrevidos y dicharacheros cuando se encuentran entre sus congéneres. Así que comportarse de una forma sencilla y popular es una buena manera de entrar en el universo del chamán. Me hace sonreír cuando leo o escucho que algunos occidentales afirman la validez de sus teorías u opiniones porque tal o cual chamán en la selva le dijo que sí a todos y cada uno de sus postulados. Poco saben de este lenguaje del chamán que en efecto dice a todo "que sí", independientemente de que afirmes una cosa y de forma inmediata digas lo contrario, sobre todo si el occidental lo expresa con frases sesudas e intelectualizadas.

El hecho de que el procedimiento chamánico por ser espontáneo no cae en un trivialismo es fácil de comprobar si alguien pasa tiempo por estos mundos en sus lugares de origen. Después de las veladas, don Patricio, junto a su grupo mazateco, pasaba muchas horas durante muchos años discutiendo y evaluando lo que se les había presentado en el viaje. Y, de hecho, cuando se critica la perspicacia o la posible actuación fraudulenta del chamán, se puede argumentar que un buen chamán puede utilizar tretas para conseguir romper las viejas defensas del aprendiz, lo cual formaría parte de una estrategia de enseñanza, muy utilizada en Occidente por Gurdjieff (1982), por ejemplo. Tampoco considero adecuado colocar al chamán como un experto en técnicas cognitivas y conductuales, creo que no se pueden mezclar paradigmas, aunque se haga con buena intención. La diferencia metodológica es tan dispar que no se puede decir que el chamán utiliza procedimientos como el de la inmersión y la desensibilización, etc., puesto que pertenecen a contextos diametralmente opuestos, los procedimientos conductuales actúan sobre síntomas y los chamánicos sobre contenidos.

5. CONFRONTACIÓN, CONFLICTOS Y ENCUENTROS
Entre la concepción chamánica y el pensamiento occidental

EL CONFLICTO ENTRE DOS VISIONES OPUESTAS
ANTE EL MUNDO
VISIONES NEGATIVAS DEL CHAMANISMO

El desencuentro ya puesto de manifiesto entre una concepción material del mundo propia de la cultura occidental y la de que la realidad se extienda a otras realidades inmateriales ha hecho que desde la poderosa cultura occidental se haya invalidado demasiadas veces la cultura chamánica e, incluso, las culturas orientales; entendiendo cultura como la forma como un pueblo interpreta la vida. Sin embargo, hemos de tener en cuenta que son posibles los acercamientos, ya que la física y la psicología actuales ponen de manifiesto que no toda la realidad se ha de reducir a materia mecánica.

• Desde la posición cognicéntrica de Occidente en ocasiones no han sido bien vistas las prácticas chamánicas, efectivamente por no ser comprendidas. Walsh (1990) se muestra dolido al respecto, y me uno a su apreciación cuando afirma que algunos antropólogos y psiquiatras occidentales califican de psicopatología generalizada los estados chamánicos.

La palabra *sugestión*, menos hiriente, es muchas veces utilizada como otra devaluación más de este tipo de prácticas ancestrales.

• Las descalificaciones más corrientes hacia los chamanes son tales como la de ser charlatanes, dementes, mentes primitivas, etc.

• Este tipo de diagnóstico está basado en el prejuicio cognicéntrico, convertido en santo y seña de la cultura occidental y no exento de cierta soberbia, ya que parte de que los parámetros occidentales constituyen la norma "normal" en contra de otras culturas –"la normosis", dice Weill (1995)–. Esta forma de ver puede tener consecuencias por ejemplo a la hora de valorar una situación del tipo crisis chamánica; de hecho, muchos antropólogos remarcan en sus observaciones de campo que esas crisis son alucinaciones, sueños neuróticos, crisis epilépticas o histeria individual o colectiva, o propias de personalidades fantasiosas, lo cual repercute en la devaluación y el diagnóstico clínico. Toda esta crítica se ha realizado sin ningún protocolo científico demostrativo, lo que pone de manifiesto una vez más nuestra insensibilidad hacia lo que desconocemos; en este caso, los profundos y positivos aspectos de la tradición chamánica. También es cierto que toda interpretación de un comportamiento depende de la perspectiva científica y de la teoría sobre la cual se apoya, que siempre será parcial, tendrá sus puntos ciegos y sus limitaciones. Para el psicoanálisis todo tipo de experiencia mística forma parte de la neurosis o de estados regresivos intrauterinos, edípicos, narcisistas, aunque tenemos dudas de que sea posible colocar el diván en medio de la estepa siberiana o del Amazonas. Tampoco creo que se pueda explicar este fenómeno por la manera como las ratas aprietan la palanca en un laboratorio. Bien es sabido cómo, a lo largo de la historia, la psiquiatría ha visto a las personas apartadas de la norma (Belloc,

Sandín, Ramos,1995; Yap, 1951): a los místicos como locos; a los santos como psicóticos, y a los sabios como esquizofrénicos. O se utilizan generalizaciones del tipo: son enredos de la subjetividad, fantasías imprecisas e irracionalidad que nos retrotraerían de nuevo al oscurantismo. Prejuicios que llevan a confundir el método con el objetivo. Sin embargo, Arnold Toynbee (1934, 1948), como señala Walsh, ya admitió que los grandes benefactores de la humanidad habían sido Confucio y Lao Tzé, Buda, Jesús, Sócrates, etc.

• A principios de la década de 1980 encontré que muchos de los antropólogos de Oaxaca provenientes de Europa mantenían estos criterios a base de unos prejuicios no sólo de tipo racionalista-positivista, sino incluso de tipo político, al no admitir como posible la experiencia de tipo espiritual del chamán. A pesar de que desarrollaban tesis doctorales, devaluando incomprensiblemente lo más esencial con expresiones del tipo: «¡Se pasan las noches enteras rezando sobre un altar hecho de pedruscos!, ¡pero si ahí no hay nada…!».

• Frente a estas críticas destructivas está surgiendo una defensa del chamanismo por parte de profesionales que han pasado por conocer *in situ* esta forma ancestral de interpretación de la realidad. Por ello muchos occidentales encuentran que este malentendido parte de la perspectiva problemática de la cultura positivista a la hora de encarar estos fenómenos, lo que lleva a la cultura occidental de la ilustración y del modelo mecánico no sólo a patologizar sino a desproveer de fundamento aquello que no cabe en sus parámetros.

Ya hemos señalado que el chamanismo forma parte de esa evolución inherente a los seres vivos, y no pretende sólo definir la realidad, sino realizar una inmersión en ella misma a fin de revelarla. Por ello el doctor J. Mabit (1999) afirma que los chamanes desarrollaron modelos no racionales de comprensión bajo una lógica diferente en la que están presentes la sincronicidad, el simbolismo, la espiralidad, la fluidez, la causalidad retroactiva, etc., constituyendo sistemas dinámicos capaces de experimentar y evaluar, sacar conclusiones y proponer nuevas perspectivas de poder.

Afortunadamente, todo este proceso nos ha llevado del enfrentamiento al encuentro, no en vano los etnobotánicos patean las selvas enviados por los laboratorios farmacéuticos y universidades para obtener nuevas moléculas de plantas descubiertas por los indígenas. El profesor de Harvard Richard Evans Shultes (1992,1994), en la línea de Albert Hofmann y Robert G. Wasson, investigó en el Amazonas desde 1939, y es probablemente uno de los botánicos más reconocidos, y fue el pionero que comunicó a Wasson la existencia de la cultura de los hongos en la sierra mazateca. Shultes sostiene que es de suma importancia conocer las plantas alucinógenas y sus efectos, así como el papel que han desarrollado en las culturas antiguas y que aún mantienen en las culturas actuales. Incluso que –a partir de entender estos poderosos agentes psíquicos y sociales– deberían formar parte de la educación del individuo. Un ejemplo fascinante es el de uno de sus alumnos, Wade Davis (2004), cuyo testimonio autobiográfico en *El río* a base de audiograbaciones, año tras año, describe los hallazgos de las plantas misteriosas y recoge el testimonio y el reconocimiento a su profesor: Shultes. Desgraciadamente, un trabajo poco reconocido por el poder anglosajón actual.

Este mundo ya fascinó desde el principio del descubrimiento a investigadores y médicos españoles que con ayuda de la Corona se lanzaron al estudio y la recopilación de plantas y de los conocimientos de la medicina de los pueblos precolombinos desde el siglo xvi. Entre los más conocidos tenemos a De Oviedo, Monardes y Hernández (Pardo, 2002).

Un estudio comparado en defensa del chamanismo

Tal vez con la intención de resolver la confusión y sus consecuencias, Walsh (1990), profesor de psiquiatría, filosofía y antropología en la Universidad de California, realizó un estudio comparando estas dos formas de entender el mundo: la positivista y la de la sabiduría antigua, principalmente la de la sabiduría chamánica, que es el tema que nos ocupa.

• Con respecto a que la crisis chamánica sea un ataque de epilepsia del lóbulo temporal, crisis histérica o una agitación emocional, Walsh denuncia la falta de formación clínica de muchos antropólogos y sus descripciones vagas sobre estos hechos, y aunque pueda haber agitación emocional en algunos casos, no se puede diagnosticar que las vivencias chamánicas tengan nada que ver con crisis epilépticas y crisis histéricas. En este tipo de crisis se pierde la conciencia, la memoria y la identidad, o se producen trastornos disociativos, despersonalización, etc., que no se dan en la crisis chamánica. Está comprobado que los nativos distinguen de forma aguda lo que es enfermedad mental y lo que es crisis chamánica. Se ha aplicado el test de Rorschach a chamanes de la tribu apache y no ha habido evidencias de tales enfermedades, más bien los chamanes parecen gozar de una salud y de una envidiable actitud ante el mundo.

Si la clave está en cómo la persona o un sistema intercambia energía con el ambiente, el chamán resulta que constituye un rayo de esperanza para la tribu, y su trabajo está totalmente integrado, siendo además un miembro de autoridad y respeto, por lo que hay que ir con cuidado y distinguir entre clínica y cultura. Además, el chamán entra y sale a voluntad de estos estados y el objetivo de su trabajo es precisamente liberar a los demás del dolor y la enfermedad. Luego el problema está del lado de la trampa del reduccionismo y del peligro de la patologización de todo lo que se sale de su norma, ya que no se puede explicar lo desconocido en términos de lo conocido y, por lo tanto, Occidente no debe imponer su cultura reduciendo lo que desconoce a categorías diagnósticas.

En este estudio comparativo, Walsh amplía la perspectiva al valorar si este tipo de crisis chamánica tiene que ver con las llamadas crisis de crecimiento, y para nosotros con las crisis emergentes, teniendo en cuenta que la persona en este tipo de estado no sería considerada como un enfermo pasivo, sino como alguien que va a ser curado por la enfermedad, paradoja difícil de explicar en términos cartesianos. Sin embargo, ya Sócrates hablaba de esta posibilidad –también en muchas tribus–; es decir, la crisis como regalo divino. Claro que esta perspectiva clásica es prácticamente olvidada en los manuales de psicología. Estamos hablando de la crisis como oportunidad reorganizativa que estaría recogida en las leyes del modelo disipativo bajo la «positivación de lo patológico» (Almendro, 2004). Walsh se refiere en todo caso a lo que en California se llama emergencia espiritual, ya que los californianos no tienen complejos a la hora de usar estos términos y para ello en este estudio comparativo habla de la «perturbación psicológica como crisis evolutiva». Una crisis que puede llevar consigo períodos de confusión, cuestionamiento de todo, desorganización y desesperación, unidos a una búsqueda de la verdad y de la sabiduría. Asimismo, señala que es posible que la propia psique pueda crear la crisis para forzar el crecimiento y, lógicamente, fácil es preguntarse si este tipo de crisis no tendrá una factura en parte semejante a las crisis chamánicas. Recordemos que en el *DSM*, manual descriptivo de las patologías mentales, se reseñan ya las diferencias como las crisis religiosas, las simulaciones (Obiols y Obiols, 1989).

Hemos de tener en cuenta que la investigación de la crisis transpersonal está en mantillas y necesitaremos de apertura, respeto, capacidad y dedicación para afrontarla. También es difícil la distinción entre una crisis de crecimiento y una crisis patológica. Personalmente, pienso –aunque encuentro pocos partidarios– que toda crisis es en realidad una crisis de crecimiento, todo depende de la capacidad y la voluntad de la sociedad para invertir en ello. Claro que no cayendo en la apología de la patología, no sea que cotice en bolsa, o de la tendencia "elevacionista" –y en eso seguimos de nuevo a Walsh–, confundiendo una esquizofrenia con una crisis espiritual. Para ello es interesante remitirse a la falacia pre-trans de Wilber, cuando se confunden formas trans-racionales con pre-racionales (Rowan, 1999).

Es posible que se encuentren crisis híbridas; es decir, aquellas que participan de conflictos psicológicos no resueltos y de crisis evolutivas o religiosas (Álvarez, 1997).

Walsh aboga por la necesidad de que se dé soporte digno a las crisis espirituales, que se las reconozca como tales, se les dé un trato comprensivo, se respeten e investiguen. Y que el que transita por estos sufrimientos no caiga en tratamientos rutinarios, químicos y supresivos.

Walsh lleva estas comparaciones a otras tradiciones como el yoga y el budismo, lo cual representa un abordaje complejo por las diferentes prácticas en el budismo y los numerosos *asanas* en el yoga. Creo que es un asunto delicado, pues no sé hasta qué punto la vivencia interior de estas tradiciones se puede reducir a un cuadro cognitivo.

Parte II

EN EL CAMINO

6. MI DEUDA

Sí. Me considero deudor por los aportes personales y profesionales de la psicología occidental en todas sus vertientes, desde la académica, el psicoanálisis, humanismo etc., y de la misma forma mantengo mi agradecimiento a las enseñanzas "no regladas" de las culturas orientales y mesoamericanas.

El chamanismo inspirador ha estado en bastantes de los hallazgos permitidos y ha sido un acicate vivir la paradoja y compartirlo entre las alfombras de la universidad occidental y las maderas crujientes de las malocas en el Amazonas o las montañas mexicanas. Son conversaciones sostenidas tanto con eruditos y algún premio Nobel como con chamanes de la tradición profunda, y a partir de aquí metiendo en carnes que el saber no tiene frontera y siempre correrá por delante de nosotros.

Parte de esos hallazgos muestran cierta correspondencia entre estas enseñanzas y las teorías del caos, establecido como método ese perforar que no es más que una sensibilidad cuya inestabilidad alcanza una bifurcación en el punto más allá del límite. Es evidente que esta hipótesis necesitaría un proyecto de investigación amplio. Uno no está solo, ya que, por ejemplo, Allan Combs y Stanley Krippner (2003) opinan, desde la perspectiva de los estados de conciencia como procesos autoorganizativos y autopoyéticos, que los estados expandidos de consciencia, incluidos los estados oníricos, pueden tener un papel importante en el desarrollo de los individuos.

¿Cómo afrontarlo?

Lo que podemos aportar aquí es la forma en como abordamos el problema, y entendemos que esa forma podría abrir el campo para acercarse a lo desconocido, ofrecer una síntesis mínima de nuestro trabajo, explicar en lo posible parte del proceso evolutivo humano.

Puntualicemos lo siguiente:

• El saber chamánico implica una forma de ver el mundo que rebasa la concepción de la lógica.

• Existe una tendencia entre los jóvenes de las últimas décadas a buscar experiencias límite, lo que podemos entender como una búsqueda imparable de estas enseñanzas.

• Hay en ellos una tendencia a rebasar como sea la vivencia ordinaria.

• Esa tendencia acarrea aperturas y abismos.

No cabe duda de que la impresión como alimento tiene un papel decisivo en este tipo de búsqueda.

¿Qué respuesta dar? ¿Qué produce el problema-solución más allá de esta pulsión de búsqueda? ¿Es el sustrato psicológico –psicocorporal– de la persona, la vivencia extraordinaria, las sustancias, o la interacción entre todo ello?

Parece evidente que la respuesta comience por el "estado de preparación" de la persona. Entonces, ¿qué preparación necesita una persona para que pueda "soportar" una determinada vivencia? Puesto que si nos atenemos al contexto chamánico la clave se basa en tener que saber "soportar" la fuerza enigmática de ese contexto, ¿es esa fuerza enigmática la que está detrás de la creación de vida? Aunque no se puede hacer de este "estado de preparación" una tabla de multiplicar, dado que cada persona es un mundo, y respuestas las hay de todas las clases, y muchas inesperadas. Pero parece prudente que si la persona tiene un mayor conocimiento de sí misma estará mejor preparada para afrontar sus posibles "monstruos", que al fin y al cabo serán los que le corresponden por genealogía más lo desconocido. Hay un dicho muy antiguo que dice que para llegar a la sabiduría total hay que atravesar los deseos insatisfechos del mundo.

Así pues, este "estado de preparación" implica:

• Un autoconocimiento de traumas posibles.
• Un autoconocimiento de los propios procesos biográficos.
• Haber trabajado –sin sustancias– el propio inconsciente. El trabajo implica el hecho de que haya algo más allá de lo entendible mentalmente y una consecuente exploración hasta cierto punto de ese territorio.

Esta atracción que sienten los jóvenes por acercarse al mundo de la vivencia no ordinaria (muchas veces a través de drogas y sustancias) parece ser que fue objeto de interés por parte del gobierno americano durante la década de 1970, según Stanislav Grof en comentario privado, ya que él había estado dirigiendo sesiones en Maryland sobre cómo se podría atajar "el problema". En aquellos tiempos la respuesta que dio es que deberían de crearse espacios adecuados y seguros con "maestros" en ese tipo de experiencias para guiar a los interesados por esos mundos de los "estados no ordinarios de conciencia". Nunca recibieron contestación.

Ya hemos hablado sobre la necesidad del "puente" –el estado de preparación– para saber pasar desde lo personal a lo transpersonal, desde lo controlable a lo incontrolable, desde lo temporal a lo intemporal. Si esto fuera posible, ¿por qué despreciar un método? Esta pregunta viene a colación por el hecho de que cuando la persona cruza "el puente" entre los dos mundos y "toca" esa sabiduría, a veces cree que es el único y ésa la única vez que ese encuentro se ha producido. Es fácil que caigamos en esa trampa, cuando la literatura lo desmiente categóricamente.

El método –camino hacia– no es sólo posible sino necesario. Por lo menos hasta donde quienes nos han precedido han dejado la señal.

En el trabajo que estamos desarrollando hemos encontrado que cabría la posibilidad de explicar los procesos evolutivos humanos. Que la forma de ser humana puede ser medida en *fractales* y que éstos se mueven en relación con *atractores* que siguen un *modelo disipativo* para evolucionar, ya que la evolución marcaría la raíz dinámica de la existencia. Y que las *rutas disipativas* formarían a su vez estados más complejos encaminados a hacer evolucionar nuestro legado personal mediante la "sensibilidad" como cualidad inherente de los seres vivos, la "inestabilidad" que supone una sensibilidad acrecentada y la "bifurcación" como punto de transformación, si es respetado el proceso y se llega a más allá del límite. Para ello "la positivación de lo patológico" y el "proceso de diferenciación" son dos aspectos claves en este proceso evolutivo. Estaríamos, pues, ante el hallazgo de una especie de ADN psicológico (Almendro, 2002, 2004).

• Establezcamos una pequeña síntesis. El proceso implica una vía purgativa mediante la cual la persona ha de dejar de ser esclava hasta donde sea posible del linaje que ha acomodado sus formas de estar en el mundo, ya que, en principio, esas formas heredadas le dan la oportunidad de poder estar en el mundo: el espacio-tiempo, la materia, la sociedad. Pero llega un momento en que esas estructuras heredadas se convierten en un corsé y el individuo ha de ensancharlo para obtener unas estructuras acordes con su momento evolutivo. Por ello la persona encarna en su individualidad ciertas rutas disipativas que de ser entendidas facilitarían el proceso de curación. Y en ellas están representados los traumas de su linaje y las lealtades invisibles de los demonios genealógicos. Se puede comprobar que cuanto más se haya avanzado en la vía purgativa, más fácil es entrar en los mundos no ordinarios con más profundidad y con menos riesgo. Tanto los asheninkas como los shipibos con los que he trabajado en estos últimos veintiséis años avisan de las profundidades abisales de las *yacurunas*; en la cultura amazónica, el mundo de abajo, el mundo de arriba y el del más allá: "lo que no se sabe". De forma paralela se expresan los mazatecos en México, conocimiento que sigue intacto y escondido, aunque todo esto se trivialice en el "internet psiconáutico". Y además estos indígenas muestran un mapa en el que en parte nos hemos inspirado para enriquecer nuestra forma de hacer psicoterapia y cuya explicación rebasaría los objetivos de este libro. Una vía iluminativa que va apareciendo a medida que el individuo va disolviendo el hueco familiar que precede a su nacimiento: sus nombres y apellidos. A medida que avanza el proceso, el conocimiento de lo que es aprendido (iluminado) por uno mismo es lo que podrá ser enseñado (transmitido).

a) Período de construcción del individuo:
    1. Fase preconstitutiva
    2. Fase constitutiva

b) Período de deconstrucción del individuo
    1. Fase purgativa
    2. Fase iluminativa

c) Período de rendición del individuo
    1. Fase unitiva

Supramundo

Mundo medio

Inframundo

Vemos pues que la deconstrucción de un individuo va pareja al proceso purgativo y al peregrinaje por el inframundo *(infern)* pertenecientes al MRO (mundo de las realidades objetivas) (Almendro 2004). Los mundos medios son planos de integración de sus dos planos circundantes: inframundo y supramundo. Y es en ese plano medio donde se toma tierra, donde se hace físico el proceso.

Por lo tanto el *animonauta*, cuando se abre al campo perceptivo de lo insondable, se encuentra con la necesidad de realizar un proceso recapitulativo-deconstructivo de todo su pasado genealógico. Si el individuo siente como suyo este proceso, ha de limpiar ese pasado para dejar traslúcido el camino a procesos iluminativos. De aquí la necesidad de reivindicar la historia también como historia del ser, presente en los textos más antiguos de la humanidad, sin quedarse sólo en la historia como la historia de la *identidad* colectiva; es decir, naciones, ideologías y banderas.

La deconstrucción de la identidad colectiva en un individuo abre paso a la liberación del propio individuo, que marca así un camino evolutivo para sí mismo y para nuevas identidades colectivas más acordes con el proceso de evolución general.

El paso entre esas dos realidades podría estar reflejado en estos gráficos entre el MRO (mundo de las realidades objetivas), lo cual supone la existencia de un mundo independiente que puede ser percibido y del que se puede dar cuenta en las descripciones coincidentes de diferentes observadores, y el MRS (mundo de las realidades subjetivas), que representa al individuo. El MRO nutre al MRS.

El límite entre la fase ordinaria y la no ordinaria no es lineal, por lo tanto uno puede pensar que está muy "arriba" y en realidad está muy "abajo", y viceversa. Con el inicio del proceso transpersonal se produce un flujo en ambos sentidos.

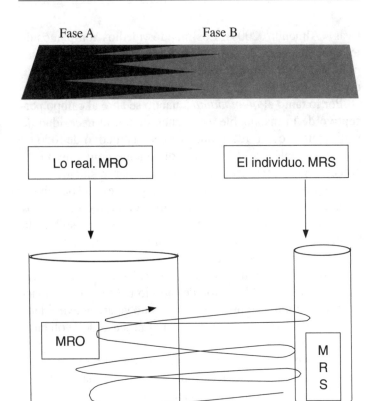

7. EL CHAMANISMO INSPIRADOR

El chamán nos habla sobre un conocimiento olvidado por el Occidente moderno al exponer, de modo general, *a)* que la clave es que todo está vivo y formando parte de una totalidad, *b)* que se ha de integrar la enfermedad en la significación del mundo, y *c)* que hay una realidad que nos sobrepasa y que, por lo tanto, hemos de tener una actitud de respeto y apertura ante ella. Estas tres disposiciones pueden ser un potente elemento de reflexión, aun reconociendo que una investigación bajo estos presupuestos todavía está en sus inicios.

DESAFÍOS DEL CHAMANISMO: ¿EXISTE ALGO AHÍ AFUERA?

Espíritu y realidad oculta ¿Subjetivismo ilusorio o verdad objetiva? Ésta es la cuestión. De hecho, como se ha puesto de manifiesto en algunos investigadores (R. Gordon Wasson, A. Hoffman, C.A. Ruc 1978) esta discusión se puede extender al platonismo y a otras filosofías que forman parte de la cultura occidental, ya que también fueron capaces –al salir de la cueva aunque fuera por un período corto de tiempo– de construir un cosmos, viabilizando la vida diaria entre acciones que no serían más que sustitutos del gran encuentro.

Platón ya plantea cuatrocientos años antes de Cristo que el verdadero conocimiento pasa por acceder a lo *universal* y *permanente*. El acceder al mundo de las Ideas consistiría en entrar en un "Supramundo" constituido por una "realidad objetiva" que pertenecería a un "orden superior" de "Formas Universales". Es decir existirían unas *formas molde* suprasensibles que moldearían a su vez a la realidad del mundo sensible; por lo tanto el mundo sensible cuantificable y cualificable estaría constituido por los reflejos de esas Formas originales, unos reflejos que al mismo tiempo que son pseudo verdades permiten que se pueda producir –si es que la persona siente esa intención– el proceso de recordación de la matriz. El método consistiría pues en un ejercicio de *memoria supramental*, la *facultad de la reminiscencia*, atravesando el mundo de lo *Particular*, el *Mundo de las Realidades Subjetivas* (M.R.S.), hasta llegar al *Universal Mundo de las Realidades Objetivas* (M.R.O.). Para ello sería necesario que el individuo fuera capaz de ver más allá de las sombras que se producen dentro de la cueva, dejar de aferrarse a ellas y salir del *maya* hacia la luz que la puerta de la cueva despliega. Y Platón ya afirma que el mundo de las Ideas conforma una *realidad independiente*.

Para ello nos hemos de acercar a la mitología griega, que sería una religión más que una obra literaria, y con sus prácticas ocultas; por ejemplo el Misterio de Eleusis en la antigua Grecia creando núcleos visionarios e inductores de creatividad en los que se ingería el *kikeon* (según Gordon Wasson y cols. 1978), conocimientos y prácticas que se cree llegarían hasta la época de los primeros cristianos. El *gurú* interno en el hinduismo, el Espíritu Santo en el cristianismo, las vivencias místicas están también bastante cerca de la naturaleza del chamanismo, y no olvidemos el viaje de Dante, símbolo de parte de una cultura occidental olvidada y sólo recuperada como arte prestigioso e inofensivo.

En el arte occidental tenemos ejemplos sobrecogedores como el *Jardín de las delicias* de El Bosco, o *El grito* de

Edgard Munch, tras cruzar el puente. De impacto fue el ensayo de Aldous Huxley (1977) sobre las puertas de la percepción, donde ponía de manifiesto las contradicciones de nuestro sistema, en el que el precepto se ha tragado al concepto. El testigo interno, el yo superior, la conciencia interna, como lugares comunes de la psicología actual, no están lejos de estas consideraciones de la denominada sabiduría antigua y, además, están siendo considerados por la psicología transpersonal como aspectos superiores de la psique, como potenciadores para aumentar las capacidades de la mente y, por lo tanto, para superar los estados egoicos, como afirma Walsh. No son muchos, pero hay algunos investigadores como Charles Tart que admiten que sea posible que haya "algo ahí fuera", algún tipo de existencia independiente en la que lo psíquico no está envuelto. Combs y Krippner (2003) exponen que, según estas tradiciones, estamos hablando de algo más que de estados de conciencia en el sentido de que estos "reinos del ser" posiblemente no podrían ser reducidos solamente a estados psicocorporales.

Pero es Rof Carballo (1970, 1986, 1988, 1990) quien de forma enervante se detiene ante esta gran pregunta. No hay nada como una gran pregunta como motor de la creación. La respuesta desde la ciencia *en el borde* proviene de un extraño, por así decirlo, físico cuántico que es capaz de casar la filosofía, la conciencia y la ciencia; se trata de Bernard D'Espagnat.

La pregunta ¿hay algo ahí afuera? es casi un *koan*; es decir, un grito al cosmos que va dando respuestas a partir del no pensamiento. En realidad es una pregunta que remite a reconocer la humildad y la debilidad del hombre frente a la naturaleza, a un universo del que apenas sabemos nada y a un sustrato –la Tierra– que existe antes que nosotros y que preparó las condiciones para la existencia de todos los seres vivos. Hay una realidad, pues, incontrolable e independiente de nosotros. Pero ¿podemos acceder a ella? Sería deseable, pues si escuchamos las tradiciones de forma directa –si esto es posible–, esa realidad es la fuente. Asusta la forma en cómo la cultura cientificista trata de sacar partido por el hecho de que puede hacerlo, y asusta mucho más que avance la ciencia antes que la conciencia. El desastre está servido y los hospitales tienen macrolistas de espera a pesar de nuestros avances.

La rueda de la vida

La visión de la *rueda de la vida* en los mundos indígenas a través de sus prácticas explica posiblemente la impresionante humildad de los indios, puesto que habiendo estado allí se comprende que lo humano carece de soberbia.

Pero si, como hemos ido manteniendo, hay una vivencia del misterio que se produce en todas las culturas y especialmente, como sostiene Gordon Wasson, entre la cultura griega antigua –la de los misterios de Eleusis–, y la de los mazatecos, se puede deducir que ese territorio es a) fuente de conocimiento revelado a una cultura, y b) territorio del que surgen los mapas para ser desplegados.

La *rueda de la vida* de los mazatecos, cultura del sur de Méjico, es paralela a la que se percibe en las culturas ashenincas y shipibas de la cuenca amazónica. Creo no arriesgarme demasiado si la comparamos con algunos mandalas tibetanos, la danza de Shiva, el *vía crucis* cristiano, entre otras representaciones como la de los mayas y los aztecas; por ejemplo, Cuauhtémoc, es un estado del ser, e incluso con la cabalgata de la tabla central del cuadro del *Jardín de las Delicias* del Bosco que se expone en el museo del Prado, y quién sabe si con la danza de las "aspas" del ADN, acercándonos a la teoría de J. Narby (1998). Y hasta podemos enlazar estas representaciones con las teorías de R. Sheldrake en cuanto a la existencia de estas visiones como *campos morfogenéticos* cuya existencia sería de tipo energético y quizás también a las teorías holográmicas en el sentido de que *la parte está en el todo* y ese todo –lo universal– se *refleja* en la parte. Sólo una nota para ampliar que el cuadro del Bosco *El Jardín de las Delicias* –la pintura más enigmática del mundo y de mayor impacto– ha sido considerado –entre más de cien opiniones– como una especie de *manual* para los adeptos a la secta de los *adamitas*, aunque ha sido el doctor Rof Carballo quien considera aceptable esta versión o al menos interesante para un estudio psicológico del mismo. Obviamente esta interpretación ha sido rechazada racionalmente como novelesca. Rof la relaciona incluso con las *matrices perinatales* del doctor Stanislav Grof y con las vivencias que se producen en las tomas de LSD. Interesante su relación con los *alumbrados* españoles, con el *Opus alquímico* y extendiéndonos aún más con el enigma de la pinturas negras de Goya. Rof Carballo(1990) dice que el *alma hispánica* va por aquí. Parece que esta visión representa muy bien al arquetipo del laberinto y muestra sus vías accesibles con sus peligros y sus oportunidades.

De ser así, podemos pensar que Platón habría sacado de allí –de la visión de los universales– la base de su teoría y su perspectiva de la geometría de las formas y sus reflejos. Recordemos que en su obra se refiere a la iniciación en los misterios y en la carta VII habla de sus diferentes grados así como de la necesidad de una *ascesis*. Dado el primer paso el prosélito se convierte en un *iniciado*, y en el segundo en un *vidente*. (Cartas. Edición de M. Toranzo 1954). Además Platón nos comunica que de esa realidad no se puede hablar e incluso por propia experiencia explica que allí se entra después de toda una vida, en donde se enciende una luz en el alma, cual llama viva, que se alimenta a sí misma. Dice además que le gustaría dedicarse a escribir sobre ello lo que representaría un máximo servicio a la humanidad. Creo que estamos ante el encuentro de Getsemaní (R. Otto 1980) y el *viaje* de Dante. Por lo tanto se nos viene encima la pregunta: ¿fue el "viaje" de Platón a los Universales la fuente de su filosofía?

Que estas visiones son tan sobrecogedoras como creativas y compartibles lo demuestra la expresión de Gordon Wasson –amigo de Gregorio Marañon– citada por Rof Carballo (1990). Éste manifiesta a su mujer en una sesión de hongos de madrugada en pleno Manhattan al salir al balcón que el cielo que veía era el mismo cielo de Toledo que el Greco había pintado.

Concretemos, si se puede, que la *rueda de la vida* conforma un carrusel de formas de ser arquetípicas, formas originarias, que da la impresión de que están ahí antes del tiempo, de tal forma que surgen hacia la manifestación las diferentes formas de la historia del estar en el mundo. Son como las *planchas matrices*, morfogénesis de una gran imprenta dinámica que hacen circular al tiovivo de la existencia. De ahí surgen las clases sociales, profesiones, formas de vida, plantas, animales, personas; es decir lo biológico, lo psicológico, lo social, lo material etc. Hasta el detalle más preciso está ahí, no hay azar aunque sí libertad de elección según la tendencia y momento existencial; podemos considerar que hay proceso de aprendizaje en esa rueda evolutiva que permitiría un *hacer* físico para *hacer* mover la *rueda de la existencia* y generar evolución a partir de las diferentes matrices que de esta forma van tomando cuerpo. Todo se dirige hacia el camino de la manifestación, hay un motivo de búsqueda, un propósito, una pulsión imparable que mueve absolutamente a todo lo que existe y que genera una ley semioculta independiente de los códigos humanos. Vivir para seguir viviendo, seguir esa rueda imparable y poder un día acceder a la trama que implica salir del carrusel y fundirse en el vacío; tal vez ésa sea la ley. La crisis en su nivel más profundo provendría del estar atrapado en una de las planchas de esa imprenta anímica que se habría convertido en corsé. Un corsé conformado tanto en el campo genealógico como en el familiar, que provendría de una coraza necesaria al principio para estar en el mundo pero que gracias a la crisis se transforma en un corsé que hay que disolver para seguir evolucionando. Hay un trabajo a nivel psicológico sobre ello *(Crisis emergente.* M. Almendro 2004). Pudiera ser que los genes fueran representantes de esas formas arquetípicas, de una memoria básica que además va guardando el proceso evolutivo que el ser humano realiza y de sus consecuencias, saludables y enfermizas, pues aquí no hay nada gratis ni absurdo. La economía en su sentido original es base de la ley. No en vano esa evolución marca caminos muy distantes, pongamos por ejemplo el salto evolutivo que se da desde el *inconsciente desguace* de S. Freud al *inconsciente transcendental* de T. Merton y a los esperanzadores nuevos paradigmas en la ciencia.

D'Espagnat, (1995) es tal vez uno de los físicos más sugerentes, así como poco tenido en cuenta en el ámbito de la ciencia. Quizás sea porque se decanta por ese encuentro entre la física, las humanidades, la filosofía e incluso la conciencia. Propone una nueva concepción de la realidad lejos del realismo y del idealismo tal como son clásicamente concebidos, se aleja de las consideraciones extremas de ambos bandos y, dada la importancia de la ciencia objetiva de nuestros días, afirma que los acuerdos intersubjetivos no pueden ser explicados en términos de argumentos realistas. Para ello D'Espagnat acude a figuras de la ciencia y la filosofía desde la aceptación y la crítica: Kant, Spinoza, Bergson, Einstein, Bell, Bohm, Pauli, Gödel, Schrödinger, etc.

Para explicar la idea de que existe la posibilidad de una "realidad independiente", D'Espagnat parte de que hay un objetivismo fuerte y un objetivismo débil que va unido al concepto de *no separatividad*. Con éste último afirma que se pueden establecer relaciones y a partir de aquí propone un realismo abierto. Pero previamente D'Espagnat señala que las cosas son según las medimos (la teoría es el resultado de las medidas –Bell– y el rol del instrumento es esencial –Bohr–), lo cual nos dará el valor final de las cosas, pero además con una salvedad decisiva; se trata de sobrepasar el operacionalismo radical, ya que la medida es el resultado de un instrumento y su escala. El resultado, pues, de un acuerdo. Parece obvio que la medida de una realidad no puede constituirse en la realidad, pero parece –añado– que cuesta de asumir.

D'Espagnat pone el dedo en la llaga cuando critica que los físicos mantengan que pueden describir la realidad "tal como realmente es". De tal forma afirma que, cuando todo es "dicho y hecho", el nivel de credibilidad es bajo. D'Espagnat está planteando una realidad externa, que pueda ser inteligible e independiente, aunque fuera de un idealismo radical o de un objetivismo radical. Para validar el realismo abierto D'Espagnat propone que existe "algo" cuya existencia no procede de la mente humana. Ese "algo" existe fuera de nosotros, lo cual significa que esa realidad independiente es independiente de nosotros mismos. Para ello, D'Espagnat hace un repaso a científicos y filósofos, aunque es David Bohm y su "orden implicado" los que nos parecen más cercanos a estos postulados.

¿Esta realidad independiente puede ser cognoscible, interpretable ontológicamente y convincente en términos científicos? D'Espagnat afirma que esta realidad independiente está fuera del espacio y del tiempo tal como los concebimos, y se pregunta si tal vez se encuentra dentro del tiempo cósmico. Galaxias y estrellas existen por ellas mismas, independientemente del conocimiento que tenemos de ellas, y para los que dicen que la realidad es creada por nosotros (las estrellas, galaxias etc. son creados por nosotros), resulta que la Tierra y sus condiciones atmosféricas ya estaban cuando los seres humanos hicieron su aparición.

La realidad independiente formaría parte de un todo enmarañado, y así D'Espagnat nos lleva hacia un realismo que concierne a los universales, lo cual sobrepasa con creces el realismo reducido a objetos materiales dentro del que denomina "objetivismo fuerte". Y como miembro de la especie humana, D'Espagnat señala la experiencia de una fuerte creencia intuitiva de que existe un mundo real afuera.

De la realidad independiente, D'Espagnat pasa a una realidad velada, es decir a que la realidad independiente es una realidad oculta. Una concepción paralela –según D'Espagnat– a la "irracionalidad" de la realidad de Pauli.

Para desvelar esta realidad se ha de tener en cuenta el límite de la eficiencia de los órganos de nuestros sentidos y la dependencia de agentes intermediarios, así como lo poco conocida que es la interfase entre las señales procedentes de nuestra percepción y nuestra mente. Una realidad independiente que no es incognoscible además de indispensable. Una realidad velada que nosotros aprehendemos en el espacio-tiempo, pero que no está inmersa en el espacio-tiempo, sino en el Ser. Una posición innovadora que permite respirar fuera por fin de los reduccionismos y exclusivismos, y de la que se puede inferir una posición evolucionista del ser-estar para poder progresar en el conocimiento de todo este propósito que es la vida.

El grito de esta pregunta encuentra eco en un afuera cuya naturaleza responde a «no ser cosa fabricada de nosotros», dice santa Teresa de Jesús (1979, pág. 311) con su apabullante clarividencia, distinguiendo que no llevan frenesí, que son palabras que vienen con una majestad, «hablas que hace Dios al alma sin oírse» (pág. 308). Es el no «entender entendiendo» mundos que «ni el entendimiento lo sabe entender ni las comparaciones pueden servir de declararlo» (Teresa de Jesús, 1981, pág. 79).

El desafío del chamanismo forma parte de la confrontación puesta ya de manifiesto entre una realidad reducida a materia y razón mecánica o concebir que la realidad rebasa esta concepción. Pero, de ser posible, ¿cómo demostrarlo científicamente sin caer en el cientificismo? Y tras "escuchar" a D'Espagnat surge la pregunta: ¿es la realidad lo que comúnmente llamamos realidad?

Sin embargo, es cierto que todo esto puede ser considerado como alucinaciones por la psicopatología. Démonos cuenta del camino reductivo de nuestro pensamiento moderno, ya que el empirismo griego consistía en vivenciar el territorio a fin de llegar al mundo de la *ratio* platónica, el mundo de las ideas: los universales. Hoy día todo este aporte se ha transformado en un empirismo reducido a experimentar públicamente sobre el objeto (sólo materia) metodológicamente sesgado por una desconexión radical entre el sujeto observador y el objeto observado, para así llegar al concepto propiciado por la razón mecánica.

Las investigaciones están de parte de la necesidad de que se vayan implantando los nuevos paradigmas en la ciencia a partir de nuevas teorías o desarrollos de modelos conocidos, pero en todo caso estableciendo nuevas formas de preguntar y entender la naturaleza de nuestro mundo. La propia física cuántica probablemente tenga que decir bastante sobre ello, así como las teorías del caos, los modelos autopoyéticos, las nuevas formas de comprender la memoria, las teorías sobre campos morfogenéticos, los modelos holográficos, etc.

Por otra parte, es obvio que el desafío del chamanismo no implica una especie de hinchazón romántica a base de vestir pieles o plumas, dormir en tipis o cuevas y reproducir una de vaqueros. La esencia no implica un traje determinado, y desde luego el dramatismo de la vivencia chamánica no lleva consigo una marca de moda.

CHAMANISMO Y EL MUNDO
DE LAS SUSTANCIAS

El desafío del chamanismo tampoco tiene que suponer una indigestión de sustancias psicoactivas, ya que el hábito no hace al monje y que el linaje parece ser casi imprescindible. Aunque no es descartable que alguien encuentre la respuesta sin un instructor, es evidente que es mejor subir la montaña con un par de botas.

De impacto fue la aparición del LSD 25 en el mundo occidental y desde entonces hasta la aparición de las drogas de diseño hoy continúan las alusiones al consumo en los medios de comunicación. Es complejo el mundo de las llamadas drogas de síntesis y de lo que pueden suponer en el pasado, presente y futuro (Bouso, 2003; Shulgin, 1997; Ott 1993; Usó 1996; Escohotado, 1990). De hecho, hemos conocido artistas, escritores, etc. que han utilizado drogas –algunos como *modus vivendi*– para investigar qué tipo de potencial podían aportarles, y quedó claro que una droga no podía fabricar un Picasso ni un Cervantes. Aparte de las referencias conocidas de novelistas americanos o poetas ingleses y franceses, también algunos testimonios más cercanos, por ejemplo el del gran escritor R. Sánchez Ferlosio (1998).

Se da por descontado que las sustancias inductoras de otras formas de ver la realidad han estado siempre presentes en la evolución humana, pues se han encontrado restos de ellas en tumbas milenarias. De nuevo recordemos que todo es según lo percibimos. Las pinturas rupestres dan idea de ese animismo sobrecogedor de los primeros tiempos. Krippner y Winkelman (1983), recogiendo diversos estudios y a partir de los procesos perceptivos, exponen el valor de las bases neurológicas estructuradas que permiten ese "poder perceptivo" tanto en el orden mágico como en el estético.

Podemos decir que hay una gran necesidad de alcanzar de forma diferente la percepción ordinaria, y esto parece ser un acicate difícil de refrenar en las nuevas generaciones, que además tienen la vida económica resuelta. La necesidad de recibir impresiones va asociada a esta necesidad de percibir y explica esta tendencia, lo que nos hace preguntarnos por qué vemos como vemos. El "ver" junto al encontrar "un sitio" fueron los procesos de iniciación de Carlos Castaneda, en los que el chamán tiene un papel vital de intermediario entre el celo del espíritu y el neófito. Por ejemplo, para Shulguin (1994) es fundamental entender que la sustancia psicodélica produce un "ver interior" dentro del alma que resta poder al elemento químico, y no una alucinación, que muchas veces define un conflicto entre la consciencia personal y un consenso social. Y estoy relativamente de acuerdo cuando se afirma que las sustancias naturales como la ayahuasca, el peyote o el san pedro son más llevaderas. Hay casos conocidos en los que se han producido importantes accidentes. No saco las mismas conclusiones que Ferricgla y Obiols sobre el estudio etnopsiquiátrico de los shuars, en el que los indios llegaban antes que los investigadores occidentales a sentir los efectos de la planta, ya que las variables son decisivas (Ferricgla 1994). Para mí ha sido muy extraño presenciar cómo occidentales de diversa procedencia con altas dosis no se movían del sitio, no sentían efecto alguno permaneciendo

completamente frescos y además protegidos según el indígena que llevaba la sesión, y otros con una dosis mínima entra-
ban en el proceso. Es posible que el occidental pueda tardar
más en acceder a los efectos en algunos casos, pero respuestas paradójicas frecuentes se dan en ambos colectivos.
Existe también preocupación sobre cómo se trasmite la
cultura psiconáutica virtual y sobre el hecho de que en ella se
instale el facilismo, el "quien paga manda", puesto que si de la
facilidad de la ingesta hacemos un altar, podemos pasar a las
tomas silvestres de plantas y brebajes comprados en un mercado tropical, o a fármacos repartidos en un fin de semana en
ciudades ricas de coches rápidos, comida rápida y acceso rápido a… situaciones en las que se aborta lo más preciado de
las viejas enseñanzas indígenas. Las prisas matan el mensaje
al que no le han dado el tiempo necesario de incubación para
que sea desarrollado. Las consecuencias encontradas son:

• Acuden a tratamiento madres jóvenes con hijos adoles-
centes diagnosticados de psicosis con todo el dramatismo
que eso conlleva.

• Efectos secundarios basados en que la persona vive ate-
morizada con que de nuevo se repita el trauma que se produjo en la toma de cualquier sustancia psicodélica. Así, nos
encontramos con pacientes que durante años mantienen una
vigilancia obsesiva y vivida en soledad para que eso no suceda de forma espontánea. Y entiendo que la mejor manera de
poder superar un accidente como el de quedarse "enganchado" en un "pliegue no ordinario" en un viaje de ayahuasca o
LSD, consistiría en volver de nuevo a ese espacio ayudado
por un chamán o experto en el tema a fin de resolver la espiral.

• Hay gente que camina y otros que se quedan en la cuneta, situación que algunos investigadores entienden de forma
simplista como gajes del proceso.

No estamos en la década de 1960 y principios de la de 1970, que supusieron una ruptura valiente y un tirarse de bruces sobre nuevas formas de entender las cosas y el *trip* (Makenna, 1993), pero no parece que el mundo o la Latinoamérica actual estén hoy para albergar *troups californianas* surcando selvas y montañas entre lo títere y el misterio. Tampoco el misterio se abre por consumir más pastillas o beber más litros de sustancias.

Los padres de la bioquímica "no ordinaria" como A. Hofmann y A.T. Shulguin, que tanto han investigado sobre las sustancias naturales desencadenadoras de estados de trance, han dado un tratamiento respetuoso tanto a los procesos psicológicos como a la química de los estados de conciencia. De hecho, a partir de A. Hofmann se abre la discusión sobre si el fármaco y la planta, en el caso de los hongos mazatecos, son vehículos idénticos, ya que, según Hofmann (1997*b*), María Sabina le dijo que sí lo eran; es decir, que en la pastilla de psilocibina se mantenía "el espíritu". Sin embargo, tengo serias dudas sobre esta confirmación, ya que conozco bien el mundo mazateco.

• Primero, porque el indígena mazateco lleno de calidez y de suavidad tiende a agradar al visitante y, por lo tanto, a evitar un desacuerdo. Casi se puede decir que esta forma de ser es extensiva al mundo iberoamericano y es más que probable una herencia indígena. El uso del diminutivo es una prueba fehaciente de esta calidez.

• Segundo, porque el chamán, expongas lo que le expongas, suele decir a todo que sí. Por eso, no sólo dudo de esta identidad pastilla de psilocibina-hongo, sino de muchas de las confirmaciones hechas por chamanes a estudiosos occidentales. Mantengo esta apreciación aun teniendo en cuenta que productos sintetizados en laboratorios se han descubierto posteriormente en la naturaleza, o sea que de alguna manera la frontera entre lo artificial y lo natural es variable y discutida.

Pero a lo que vamos en este apartado es a que encuentro en A. Hofmann (1980, 1997*a*, 1997*b*) una sensibilidad especial, ya que un hombre de ciencia, para el que cada descubrimiento bioquímico supone aumentar el asombro, destaca de igual forma la vital importancia y riqueza del mundo interior –centro espiritual receptivo y creativo–, la necesidad de acceder a una realidad trascendental y omnicomprensiva como vía al mundo primigenio y como necesidad para superar una ciencia arrogante. Sin embargo, parece que los sucesores de este campo, en concreto de las sustancias químicas y sus efectos, no han seguido en la misma dirección. La defensa de la ingesta parece que no ha prestado atención a la transmisión humana de la cual es portador el chamán y su linaje. Nos encontramos con divulgadores más confiados en la acción química y mental que en el valor del marco milenario de la planta, un marco que ha discurrido paralelo a una forma de ser y de entender la naturaleza y sus leyes. Es decir, algunos divulgadores de los estados alterados de conciencia se han alejado del respeto al chamán. No resuenan en ellos la exquisita sensibilidad y el profundo compromiso de A. Hofmann, quien nos sigue proporcionando elementos de reflexión sobre la naturaleza, su sitio comprometido de necesaria humildad y pregunta, el aporte de sus propias vivencias transpersonales con ánimo de enseñanza y en absoluto de autoexaltación, proponiendo más allá de la química una conciencia receptiva y una realidad trascendente que en nuestro tiempo es víctima de la civilización técnico-industrial. A Hoffman, como un viejo sabio que ha transitado caminos y fronteras, le preocupa la peligrosa falta de una dimensión psicoespiritual de nuestra cultura moderna.

En conexión con el facilismo de nuestro diseño consumista, podemos encontrar también un psicologismo. Si antes criticamos al reduccionismo materialista de la concepción determinista, nos encontramos con investigadores que reducen la experiencia chamánica exclusivamente a una verdad psicológica que sigue siendo un reduccionismo más, negando la verdad chamánica que es transmaterial y transpsicológica, aunque su objetivo se centre en el mundo de la evolución de la materia. De hecho, quien niega probablemente coloca un límite –marca el listón de la verdad y la mentira– al nivel de su conocimiento o de su propia ignorancia.

No todo es armonía en el chamanismo. Dos aspectos: toma de sustancias y chamanes

La toma de sustancias de por sí genera problemas, por lo que creemos oportuno alertar de los contratiempos que se pueden encontrar aquellos que ven chamanes en cualquier fiesta de disfraces o acuden a ceremonias improvisadas de oportunistas que, espoleados por el problema económico, cruzan el charco hacia Europa. Se ha dado el caso reportado en prensa de que pretendidos chamanes han administrado sustancias que en realidad eran una mezcla de hierbas de cocina con drogas de farmacia.

Ésta es la historia de bastantes personas en este momento; personas con inquietud loable, pero que sin preparación, en el sitio no adecuado y sin dirección quieren colocar el tejado de un edificio sin paredes y sin cimientos, y difícilmente se llega a algo importante en estas latitudes de la conciencia si se va con la mentalidad del botellón. Toda esta situación se une al gran problema –prueba del manejo del poder, el ego intelecto– de advenedizos en los estados no ordinarios de conciencia que caen en la inflación de la que el psiquiatra Carl G. Jung advertía; en este caso, debido a la pulsión de convertirse en maestro de "incautos", impresionando con productos químicos o sustancias psicoactivas. Claro que siempre hay gente dispuesta a apegarse a un gurú que le resuelva su falta de soporte, con lo cual todos –gurú y alumno– pierden "la oportunidad", además de una considerable energía, y quién sabe si, como dice la sabiduría india, es posible que nunca reciban el "permiso". Por lo tanto, en estos momentos ya no es casual encontrarse en consultas de psicoterapia o de psiquiatría personas desconcertadas después de una toma de algo que iba ser ¡inaudito! según algún amigo. Todo se convirtió –hablando de casos reales– en el acceso a un psiquiátrico en el que el joven o la joven han permanecido sujetados a una camilla durante quince días, pues, a pesar de los antipsicóticos, esa persona no podía salir del delirio. Estoy en sintonía con otros investigadores profundamente preocupados por la situación de expoliación de la tradición.

Desgraciadamente, tampoco es fácil encontrar a representantes de la tradición en sus sitios de origen. Y de hecho algunos viajeros que en unos días de vacaciones pretendían "consumir" el saber indígena han tenido problemas o han caído en trampas sexuales o económicas. Los investigadores "desde dentro" de las técnicas chamánicas conocen muy bien las sutiles "artes de atrapamiento" para que la víctima pase a servicio del hechicero. Se da el caso de que tal persona extraña en su propio medio de pronto no puede vivir o no se siente bien si no está cerca de determinado "hechicero". Es lógico que esto suene extraño a la mentalidad occidental.

Teniendo en cuenta este conocimiento ancestral en parte saludable y en parte oscuro, desde una posición prudente es difícil responder al buscador cuando su pregunta es: ¿en qué sitio se encuentran los límites?, puesto que a partir de ciertos niveles ya no existen leyes. Y la libertad no puede ser coartada por manipulaciones sobre el miedo ya que, además, es difícil poner palabras a terrenos no físicos y es el propio centro rector del individuo el que debe saber moverse en ese terreno "cuántico" por no decir movedizo. Por ello mi respuesta suele ser metafórica:

• Por la boca muere el pez buscando la experiencia del cebo.
• Vive, pero no coloques la cabeza bajo la guillotina para comprobar si la cuchilla está afilada.

Una de las advertencias más inquietantes la tenemos en Gordon Wasson, R. Kramrisch, Ott J. Ruck, C. A. P. (1992), de la que se hace eco el incisivo investigador Mr. Wasson. Primero porque la obtiene de la cultura ancestral, segundo porque es la clave-prueba que tira por tierra al ego encaramado y manipulador. Nos referimos a dos imágenes en concreto:

1. La imagen de *lengua en vientre* impresa en dibujos y figuras de arcilla que avisan de ser cautos con la palabra. Es conocida la frase algo provocadora de *no dar flores a los asnos*
2. La segunda imagen se refiere al *hombre sin cabeza*. Es decir al buscador que en un momento determinado pierde la cabeza por la locura de la inflación egoica. Por ejemplo, los trastornos narcisistas (H.Kohut 1977) Creo que además es extensible al intento de racionalizar la vivencia chamánica

Sinceramente he constatado que la ética y la preparación son las llaves del camino.

La ternura se mezcla con la dureza en el mundo indígena. Es un mundo que tiene sus leyes, y aunque ya no se ata a la gente a la tangarana, árbol repleto de hormigas carnívoras, sí que la vida no es tan fácil para ellos como algunos románticos creen, y por lo tanto no pueden dar lo que no tienen. La dureza de la vida en Latinoamérica propicia que proliferen falsos chamanes que se hacen autopropaganda usando este nombre, sobre todo en las ciudades. El engaño, el truco y la charlatanería llegan también a límites insospechados: vendedores de lenguaje rimbombante que en pleno mercado intimidan con serpientes que al parecer comunican los secretos, ungüentos mágicos que lo curan todo, personas que tienen sus espías para recabar información sobre sus pacientes con la que luego pueden sorprenderles, etc. Asimismo, utilizar artificios para succionar y escupir la pretendida enfermedad suele ser muy habitual. La cuestión es saber hasta qué punto el chamán usa determinados engaños, y por lo tanto es un simple embaucador, o bien es alguien que intenta a través de trucos un cambio de actitud en el paciente para conseguir con ello un importante beneficio curativo. Es decir, cuenta con ciertas estrategias que resultan ser parte de la curación: tipo placebo (un enigma) que aumenta las posibilidades de sus otras técnicas y medicinas. En este segundo supuesto, el chamán no sería un trilero, sino más bien un canalla divino.

Los investigadores admiten que efectivamente hay impostores, pero éstos no sólo están en el chamanismo, ya que impostores los hay en todas las culturas y terapias, y los ha habido en todas las épocas. Y las escenas de todo espacio curativo son realmente complejas, pues es difícil establecer qué cura realmente a niveles intelectuales: si la empatía, lo que se administra o el comodín "energía". De nuevo, en este tipo de procedimientos, hay que pasar *por* para saber *qué*. Hay un acuerdo: es evidente que el chamanismo tiene la suficiente tradición como para pensar que pertenece a una de las sabidurías más profundas del planeta. Personalmente no tengo opinión para ciertos usos de sapos, huevos, erizos, etc. como elementos muy antiguos que he visto emplear en diferentes lugares y que no gozan de mi estima.

Ya hemos hablado de situaciones muy peligrosas de guerras entre chamanes-hechiceros que utilizan ciertas técnicas para "reventar sesiones"; he sido testigo de varias de ellas. También hay luchas, a veces a muerte, aunque el verdadero chamán es estable física y cósmicamente, y sólo se protege; así que sus potenciales enemigos, tal vez envidiosos de su éxito, golpean en el vacío. No hay combate. Me comentaba un shipibo que un *virote* –una especie de arma "energética" que un hechicero lanza a otro para matarlo– es como un designio que un curandero lanza al aire contra su enemigo, y que este designio se materializa aprovechando un descuido. Por ejemplo, estás manejando el machete y el designio

hace que el machete cambie su dirección y te hiera. Otros dicen que el *virote*, además, es un designio que se materializa, como una energía que se hace densa y se te clava como un cuchillo. Pablo Amaringo sabe bastante sobre ello. Las situaciones se complican en algunos lugares. Aunque sean casos aislados, a veces se llega a procedimientos drásticos; por ejemplo, el chamán ha sido tiroteado. He visto el cuerpo de algunos de ellos que han logrado sobrevivir a pesar de la media docena de impactos, y en otros casos más afortunados han escapado *in extremis*. Al chamán siempre se le puede hacer chivo expiatorio de desgracias achacadas a hechos de brujería o simplemente puede darse el caso de que sus familiares le exijan parte de sus ganancias (Palafox, 1985).

Principio de la indeterminación ontológica

Algunos investigadores como Krippner, Tart y Combs admiten, como ya hemos indicado, que es posible algún tipo de mundo de existencia objetiva. Por lo tanto, que la vivencia no estaría determinada por las creencias particulares ni por las filosofías de culturas específicas. El psiquiatra Carl Gustav Jung fue uno de los pioneros en la cultura moderna que habló sobre ello al establecer la existencia del arquetipo y del inconsciente colectivo, siendo posible el encuentro entre estos mundos a partir de la sincronicidad.

Existen vías para acceder a estas fuentes internas de sabiduría. Sin embargo, el "hay que pasar *por* para saber *qué*" se convierte en un reto difícil para la metodología científica moderna, donde la transformación del sujeto observador carece de validez. Debido a esto se niega la naturaleza de la fuente de información, observación y vivencia.

De ahí que haya surgido este nuevo principio de indeterminación ontológica, y podemos decir subjetiva por el momento. Algunos como R. Walsh lo admiten en el sentido de que existen numerosas vías de interpretación sin que se provea de un método aceptado para establecer cuál de las interpretaciones es la verdadera. Sólo está poniendo de manifiesto la inmensa complejidad del fenómeno y la imposibilidad de abarcarlo desde el intelecto.

Por lo tanto, complejo y difícil se presenta el reconocimiento de estos estados expandidos de conciencia, estados meditativos, estados chamánicos, mundo de las realidades objetivas, en los que onda y partícula se funden, en los que, más allá de los postulados conocidos –científicos o provenientes de la tradición–, sólo queda por ahora una especie de constatación personal e intransferible. Y estos estados marcan una "realidad" que como teoría no puede ser ni probada ni refutada, con lo cual nos acercamos a los indecidibles en ciencia, al teorema de la incompletud de Gödel formulado en 1931 (Gödel, 1985) y a la idea base del psicoanálisis: la falta, es decir la incompletud, como rasgo humano. Da la impresión de que la naturaleza mantiene la indeterminación como necesaria –más importante que el timo del azar–, como un medio de generar creación humana.

Efectivamente, esta verdad sólo sirve para los que han pasado por la necesidad y la belleza de vivirlo, y no hay necesidad de imponerlo como verdad fundamental, pues en tal caso esto debe esperar a un mayor desarrollo de la conciencia que, a su vez, necesitará una masa crítica para que se produzca un consenso y la balanza cambie de plano, esperemos, para que, si es posible, la humanidad encuentre un nuevo equilibrio.

CHAMANISMO EN EL MUNDO

El lucero del alba ascendió despacio, hermosísimo y apacible, lo ceñían nubes de cara de niño que me sonreían, las caras de los que no habían nacido aún...
  Le narró que se aproximaba otro mundo, como una nube. Surgiría en un torbellino del oeste y destrozaría todo lo viejo y moribundo que hay en esta tierra [...]. Le miré con atención y no pude describir a qué pueblo pertenecía. No era wasichu ni indio [...]. Se llenó de espléndida hermosura. Su habla fue como un cántico.

J. NEIHARDT, Alce Negro, 1984,
págs. 122, 150, 158.

He visto a los radiantes pioneros del omnipotente, sobre la orilla celeste que mira hacia la vida, descender colmando la escalera ámbar del nacimiento..., surgiendo de los senderos de la estrella de la mañana. Les he visto cruzar el crepúsculo de una nueva era, niños de ojos solares pertenecientes a una maravillosa Aurora, grandes creadores con amplias frentes en calma, poderosos demoledores de las barreras del mundo.

AUROBINDO, SAVITRI

El mundo indígena, sus costumbres y sus conocimientos están llamando la atención de una forma imparable. Muchas veces ha sido por intereses políticos y se han utilizado como víctimas a los que hay que proteger a base de propaganda y pocos hechos, o por intereses etnobotánicos menos aireados, ya que es sabida la tremenda deuda que las empresas farmacéuticas han contraído con este saber milenario.

La antropología ha divulgado muchos estudios de campo, aunque pocos antropólogos han logrado penetrar en el secreto de este mundo del chamanismo. Tanto en las regiones árticas como en las selvas, muchos investigadores nos han descrito de forma precisa cómo se ha desenvuelto este mundo a lo largo de los siglos. Existen numerosas publicaciones, documentales y películas sobre estos pueblos, muchos de los cuales han guardado su conocimiento, como los mazatecos o los huicholes en México; los shipibos, ashenincas, yanomamis, etc. en el Amazonas; los cherokees, navajos etc. en los Estados Unidos y también en Canadá, o en regiones distantes como el Caribe o Sumatra. Obviamente son miles las formas en que este saber puede encontrarse, pues se extiende a lo largo de los cinco continentes (Poveda, 1997).

Como detonantes de la búsqueda cabe destacar las vivencias de María Sabina difundidas por Gordon Wasson (1974), así como por sus biógrafos, que en la década de 1960 llevaron a multitud de jóvenes hasta las montañas mazatecas (Estrada, 1977, 1996; Incháustegui, 1994; Miranda, 1997). El peregrinaje continuaría con la búsqueda del don Juan de Carlos Castaneda.

El chamanismo abrió las puertas de nuestro insaciable mundo y conectó la búsqueda indígena con las vías griegas y con la búsqueda incesante de la humanidad. El chamanismo como vía de la mente nativa ha fertilizado todas las disciplinas del saber humano y aparece en novelas como *La madre de la voz en el oído* (Domingo, 1991), de una sensibilidad exquisita, así como en numerosos relatos de la tradición popular, y eso que el tipo de transmisión de este conocimiento es de tipo oral y presencial (Ríos, 1997), la vía paradójica en la que el maestro Ino Moxo «enseña a leer en el aire, a distin-

guir los espíritus, en la que nada es todo...» (Calvo, 1981).
La presencia del chamanismo la encontramos en el cine, el
teatro, las danzas, etc., así como en los documentales de Ígor
Guayasamín, las exposiciones de arte basado en las tradiciones (Centro Cultural San Marcos 2005) y en la pintura de
Pablo Amaringo, que ha creado un estilo que ha hecho escuela: la Usko Ayar en Pucallpa.

Hay teorías tan atrevidas como contestadas, como la de
Narby (1998), quien sostiene una hipótesis tan *loca* como sugerente: que las visiones se producen gracias a la emisión
de fotones provenientes del ADN. La inspiración llega hasta la medicina oficial, ya que el chamán está siendo aceptado en hospitales y se le respeta por su saber tanto en fito-
terapia como en técnicas visibles e invisibles. Hay centros,
como Takiwasi –la casa que canta–, inspirados en los chamanes y apoyados por ellos para tratar enfermedades derivadas
del consumo de drogas como la pasta base de cocaína, la cocaína o la heroína (Mabit y Giove, 1992). En Takiwasi enseñan cómo esa "maestra de la voz en el oído" puede convertirse en la *doctorsita* que el paciente necesita utilizando cientos
de plantas de la llamada medicina tradicional amazónica.
Además de las plantas hay un seguimiento médico y psico-
terapéutico, y la confrontación vivencial en la comunidad de
vida. Por lo tanto se trata de un proceso de curación integra-
dor en el que desempeñan un importante papel los vegetales,
la psicoterapia y la convivencia cotidiana que se retroalimen-
ta permanentemente. Esta compleja metodología incluye técnicas del mundo alternativo, orientales, naturistas, etc.

Quizás lo más relevante sea la fundación del Consejo
Interamericano sobre Espiritualidad Indígena (CISEI), una
asociación sin fines de lucro con sede en México, que agrupa
a académicos de todo el mundo y a líderes espirituales de los
pueblos indígenas de América. Fue creado para dar continui-

dad al trabajo de reflexión sistemática, acceso a patrimonios culturales, promoción y defensa de las culturas y la espiritualidad de los pueblos indígenas de América. Entre una de sus reivindicaciones está defender el derecho a realizar ceremonias religiosas y a utilizar plantas sagradas y otros elementos naturales sagrados, así como prevenir y denunciar el uso incorrecto y el abuso de estas plantas y elementos que tienden a la desnaturalización de sus fuentes.

Uno de los testimonios más sublimes de este saber es el caso del indio sioux Alce Negro, quien describió a John Neihardt (1961) todos los «poderes del mundo según su tradición, los del mundo real que oculta el presente, el lenguaje de los animales, el vuelo del halcón o el lenguaje del coyote, del águila; [...] supe que lo real es distante y que aquí está sólo su mortecino sueño remedado». Estas enseñanzas anuncian el nacimiento de una nueva nación con el canto de *Padre pinta la tierra en mí* y de la madrugada que permite ver despuntar «la estrella del entendimiento» (págs. 113, 116, 110).

UNA CHAMANA EN LA CORTE DE FELIPE II

• «[...] son unos enemigos que hay traidores, unos demonios que se transfiguran en ángeles de luz»; «[...] vienen días que sólo una palabra me aflige y querría irme del mundo, porque me parece que me cansa todo» (Teresa de Jesús, 1979, pág. 221).

• «[...] de haber siempre tratado con las sabandijas y bestias que están en el cerco del castillo [...] en estas moradas primeras aún no llega casi nada de luz [...], sino porque tantas cosas malas de culebras y víboras [...] humildad que es el ungüento de nuestras heridas» (Teresa de Jesús, 1981, pág. 37).

• *Cuartas moradas*: «en estas moradas pocas veces entran las cosas ponzoñosas [...], y si entran no hacen daño, antes dejan ganancias [...] derramar lágrimas de un gran contento [...]. Yo he andado en esto de esta barahúnda del pensamiento bien apretada algunas veces...» (Teresa de Jesús, 1981, pág. 64).

• «el movimiento grande del espíritu subía a gran velocidad», «el deleite de las quintas moradas [...] ni el entendimiento lo sabe entender ni las comparaciones pueden servir de declararlo» «[...] podemos gozar del cielo en la tierra» (Teresa de Jesús, 1981, pág. 67, 79).

• «[...] al menos yo les aseguro que no entren en estas dos moradas postreras, porque si pierden la guía que es el buen Jesús no acertarán el camino» (Teresa de Jesús, 1981, pág.127).

Cualquiera que haya transitado por verdaderos caminos de la mente nativa no puede menos que asombrarse ante estas palabras, tan cerca de casa estaban, y tan lejos en el tiempo y en la capacidad para poderlas entender. La pregunta viene por sí sola: ¿el saber que hay que saber tiene tiempo y espacio, o es universal? Tal vez lo que hace ese saber es adecuarse a la pregunta en el presente. Todo nos remite a la gran pregunta interior de la que hablan los textos de la tradición. En el *advaita-vedanta* se dice que nunca se llegará al saber mediante la manipulación especulativa, se comprende por intuición y se vive por contemplación hasta llegar a la identidad con el espíritu. La transmisión se hace de manera personal según esta enseñanza milenaria de las *Upanishads*.

Hay un paralelismo entre la vía chamánica y la vía mística. No sólo en la iconografía de los animales del alma de la que habla Carlos Aguirre (2000) y que podemos ver en gárgolas, tótems, máscaras tibetanas, etc., sino en la búsqueda en ambas de los más altos planos de la realidad. Es posible que haya una esencia común dentro de las diferentes tradiciones espirituales a lo largo y a lo ancho del planeta. Por ejemplo los imprescindibles procesos de dietas y aislamiento, las tomas de plantas purificadoras, etc., dentro de la tradición amazónica que son paralelas a la ascesis en la mística, de silencio, ayuno y oración. E incluso métodos extensibles a la filosofía griega como al parecer se daban en los *misterios eleusinos*. Todo ello a partir de recuperar el sentido "místico" de su mitología; el sentido de la ceremonia como oportunidad de salir del yo (Dodd, 1980).

Aguirre (2000) se hace eco de una cita atribuida a san Bernardo de Claraval en ese acercamiento entre la mística y el chamanismo: «Lo que conozco de las ciencias divinas y de la Santa Escritura lo he aprendido en los bosques y en los campos» (pág. 36). Hay, pues, una experiencia mística en chamanes y místicos cristianos que es extensible a otras tradiciones (Caro, 2000). Al igual que el chamán, el místico del desierto lucha contra los demonios y se dirige al paraíso perdido, al mundo antes del pensamiento. Caro (2000) lo confirma al afirmar que hay un prototipo que se extiende al menos a ambas vías, además de que el monje del desierto se configura como puente entre el hombre y Dios. De hecho, los ascetas del desierto gozaron de popularidad y allí tenían establecida su "consulta": en el desierto realizaban curaciones, profecías, milagros. Es posible que, como afirma Panikkar (1993), todos llevemos un monje o un chamán dentro, en lo que podemos definir como el *hombre holográfico*; así, aunque un chamán siberiano no sepa nada del cristianismo, puede tener vivencias muy parecidas a las de los místicos.

Volviendo a santa Teresa, digamos que bajo estos parámetros esta "chamana" singular se mueve por la España del siglo XVI entre carretas, caminos polvorientos, intrigas e Inquisición. Considerada histérica para algunos psicoanalistas, puesto que lo que no puede ser racionalizado ha de ser condenado a chatarra inconsciente, es sin embargo doctora de la Iglesia para otros pensadores. Pasó por extrañas enfermedades, alguna de tipo epiléptico, «parajismos, dolores y tormentos», entendidos como don divino y camino, como lo entienden los chamanes. Un día estaba tan enferma que su padre mandó cavar su sepultura.

La primera de sus reglas: la ética. De forma muy semejante a como ella lo expresaba, me lo decía a mí un viejo indio: «tú, Manuel, nunca hagas mal a nadie», pero lo sobrecogedor era cómo ella pronunciaba estas palabras. Se sumergía en la oración, en la meditación, distinguía entre varios niveles hasta llegar a la quietud unitiva, pero al final resultaba que Dios estaba entre los pucheros.

El viaje pasa por la pérdida de favores de Dios, pues su "noche oscura" requiere una soledad imprescindible para poder separarse de la protección, caminar por sí sola construyendo su propia individuación y descender del "monte Carmelo" con el infinito entre las manos. Atraviesa el infierno, el dantesco y el de la calle inquisidora. Por fin, culmina la desesperación ante la frase no oída «Ya no quiero que tengas conversación con hombres, sino con ángeles». Tal vez su viaje sea el viaje de toda la humanidad.

8. SE HACE CAMINO AL...

EN EL DESIERTO

Y aparecí en Los Ángeles tras reunir el dinero suficiente para tan ansiado encuentro. Aún suelo acordarme de aquella tarde veraniega de 1980 en que me encontré en pleno *downtown* buscando un hotel barato entre las grandes avenidas y en medio de asiáticos, mexicanos y puestos veraniegos de frutas. En el Hotel Alejandría, regentado por un español, conseguí un viejo Dodge Aspen de ocho cilindros automático y con marchas

detrás del volante como los viejos Seat sólo por ochocientos dólares, medio preparado para atravesar el desierto y todo México. En pocos días me dirigía hacia el sur con un imparable deseo de perderme en el inmenso desierto de California y Sonora. Llegué a la frontera de noche y, tras pasar una rotonda con varios paneles a toda marcha, un poli americano, un puro *cowboy*, me salió al encuentro preguntando a voces que adónde iba. Sin parar el coche le respondí: «¡Sonora!», y él giró la mano señalando al otro lado e inmediatamente, como si la cosa consistiera en salir huyendo, entré en mi destino. Quería llegar hasta *Sonoíta*, pero antes me tocó conocer el ánimo de los mexicanos. Apenas tenía gasolina, y al preguntar si quedaba mucho para Caborca, me contestaron: «¡Pues no, ahí no más!», o sea quedaban unos cientos de kilómetros. Lo resolví comprando carburante en un puesto familiar y una bandera española pintada en el portamaletas, ya que uno de ellos me espetó: «¿Adónde vas con placas gringas?».

A la mañana siguiente apareció el desierto, el Pinacate, con toda su majestuosidad, la tirada sería hasta Hermosillo, donde podía contar con la casa de la madre de un amigo. Me impresionaban tanto los sagüaros, cactus gigantes, que de vez en cuando paraba y me adentraba a contemplarlos, aunque con el miedo del neófito a las serpientes de cascabel. Una vez, siendo de noche, de entre mis pies salió una de ellas, y me impresionó el tremendo ruido del sonajero de la muerte. A lo lejos se podía divisar en el tapiz de los cactus algún que otro tornado que danzaba como si fuera el espíritu de un observador de la bruma, como seguramente le gustaría decir a Carlos Castaneda. Tenía muy presente su obra desde que en Göteborg (Suecia) unas manos tremendamente suaves me dirigieron hacia el estante donde se exhibía su primer libro, y cuando giré la cabeza, no encontré a nadie. Pasé por la sierra de Bacatete que, según la tradición, fue el escenario de sus aprendizajes, y también por el pueblo de Comala, señalado por un letrero desvencijado que apuntaba a la tierra como indicando que allí los muertos también comparten la vida.

Me fascina el desierto americano a pesar de los imponentes camiones que circulan a toda velocidad y de los animales de todo pelaje muertos en el camino. Y llegué al puesto de policía. De la caseta salió un chaval, probablemente encargado por unos pesos de atender a las pocas almas que pasaban por allí. Le enseñé mi pasaporte y se rascó la cabeza gritando «¡Español!». De inmediato salió el guardia oficial empapado como nosotros de sudor debido al asfixiante calor. Él también se rascó la cabeza y gritó «¡Español!», y al instante comenzaron a salir de todos lados más guardias con las gorras de plato marrones y empapados también en sudor gritaron «¡Español!», y se pasaron el pasaporte de mano en mano como si fuera un libro milagroso. Entendí que era un pasajero de lo más extraño. No llevaba visado ni sabía que se necesitara, ni había encontrado puesto alguno que me lo hubiera requerido. Un guardia medio se enfadó. «¡Usted, para hacer así en México –dio un paso–, necesita visado!» Me acordé de lo de las mordidas, pero no iba de eso, y por fin salí del coche. Me miraron todos con cierta admiración, tal vez pensando «un jovencito solo a miles de kilómetros atravesando un desierto al que la mayoría de los mexicanos temen». Uno de ellos dijo: «¡Míralo, blanquito como los del gobierno!». Y ahí quedó todo. Les encantaba mi acento y me preguntaban sólo para escucharlo y reírse. Cuando llegué a Hermosillo se escandalizaron de nuevo de mi "atrevimiento". Me dijeron: «¡Por ahí la gente desaparece sin más… A mi *cuate* lo tronaron los *narcos* antes de llegar a los Mochis!».

Y me fui con los yaquis, a Vicam, Potam. Aun siendo tan elusivos, conseguí que me montaran en sus furgonetas y compartieran sus comidas conmigo. Por las noches bailaban las danzas típicas de su cultura. Son círculos en los que los danzantes imitan al venado, colocándose máscaras talladas en madera y poniéndose sobre la cabeza la cabeza de un venado. Había presenciado varias danzas del venado, pero una noche uno de ellos salió y me dijo que se tejían hilos de energías entre ellos... Tal vez nunca sabré la verdad.

A cincuenta y cinco grados, el sudor salía a borbotones y la manera de contrarrestarlo de día consistía en salir un par de horas yendo de sombra en sombra y regresar para una ducha "fría" en el hotel. Así pasaron las jornadas en aquella primera incursión, movido por el atractivo imparable que los pueblos indios habían suscitado en mí desde mi infancia. Y busqué entre los seris y los guicholes, hasta llegar al sur, la tierra mazateca que me brindó la oportunidad buscada. Durante varios años, ocasionalmente me he encontrado con discípulos de Carlos Castaneda siempre esperando nerviosos la llegada imprevista del maestro. Al cabo de un tiempo, cuando ya no buscaba a Carlos, uno de ellos me comunicó uno de los últimos encuentros en que Castaneda les dijo muy enfadado: «Dejen ustedes de buscarme, lo que han de hacer es encontrar a su Don Juan». Me sentí muy aliviado.

Llegué a Oaxaca, pasé horas en su paradisíaco zócalo entre el arrullo de las marimbas y los olores del trópico. El coche lo dejé aparcado en la puerta de unos amigos para que lo repararan. El destino ahora era llegar a la sierra mazateca. Así que decidí encajarme en uno de los autobuses que salían de la terminal del mercado de abastos, y varias horas después me encontré ascendiendo por la empinada carretera de barro y piedras encajonada entre la vegetación, único camino a la sierra, continuando una búsqueda imparable por saber cómo los indios manejan la mente, la vida y la muerte.

Si difícil era el camino, más lo fue atravesar todo México. Si inquietante era ver la cumbre inundada en brumas, más lo

era el autobús desvencijado al que había que empujar para sortear los surcos que los saltos de agua producían en el firme. Apelotonados en el interior, un indio mazateco me brindó parte de su asiento en medio del silencio, pormenores de los que di cuenta en algunos textos. Cálida y popular era la situación que reinaba entre el pasaje; afuera, oscuridad lluvia y brumas a diez kilómetros por hora. Como si fuéramos una foto fija que a pesar de todo se desliza entre las montañas, a base de contemplación, conseguimos llegar al poblado mazateco.

Aún eran mas impactantes las montañas amarilleadas por el cerco lunar y que podían divisarse por encima del mercado entre la mortecina bombilla de algún puesto callejero de elotes cocidos y de las tiendas con dependientes en línea enfundados en batas caquis tan rancias como los mostradores, las paredes de barro desconchadas y los techos de caña; un encuadre que me transportaba fuera de época. Durante la subida se me habían formulado las preguntas típicas que los mazatecos hacen a todo forastero, que si vienes a ver a María Sabina, que si de los *honguitos*, etc. Del calor de las sábanas húmedas del hotel salté a la mañana, donde el trajín entre preciosos *huipiles* –vestido de la mujer mazateca– y trajes de lienzo, caras serias como si fueran *puros derrumbes* vestidos, pusieron la nota de vitalidad que personalmente necesitaba. Todo estaba en orden; los indígenas ataviados con sus mejores colores habían acudido de todos los rincones de la sierra para vender sus chiles, gallinas, etc.

Fue una búsqueda de varios días hasta que por fin encontré a alguien que me inspiró confianza, demasiada cola para María Sabina. De la inquietud pasé al vértigo, en el que la oración del septuagenario y experimentado chamán mazateco siempre *pidiendo más y más* durante todo el viaje nos puso tanto a mí como a mi amigo médico contra las cuerdas del saber. Y del vértigo al reto, puesto que aquel día nació una gran amistad que dura hasta hoy. Cierto fue que, después de esta primera vivencia, tanto mi compañero de viaje como yo necesitamos imperiosamente bajar a Oaxaca, la ciudad de la tranquilidad, con restaurantes de deliciosa comida mexicana, marimbas y cafés en el zócalo.

El reto era una llamada que no cesaba de golpear en mi puerta, de forma muy diferente a cómo se movían las cosas en España y concretamente en Barcelona, donde las búsquedas silvestres se mezclaban con los estudios sobre la mente entre los interesados en el mundo de la psicología, y la irrupción en tromba de todo tipo de productos para *colocarse* sin más guía que la que uno pudiera disponer por sus propias facultades. En pleno campus ya hubo quien cambió la insoportable clase del lunes por un deambular conversando con el aire entre el césped y los libros. Definitivamente, algo había cambiado para siempre.

Los accidentes no tardaron en hacer mella entre los prime-ros buscadores, desde que «fulanito se ha puesto muy raro y no habla» hasta alguien que entraba en situaciones más duras y de difícil salida. No hubo previos. Comenzaron las bajas.

El reto seguía ahí llamando incesantemente, como algo que merece la pena ser conocido, y que no era de diferente factura de saberes como el zen o de ciertos conceptos de la psicología profunda. Todo daba a entender que ese saber in-dígena apenas degustado provenía de hacía mucho tiempo o daba la impresión de que ni siquiera pertenecía al tiempo. Así que con pocos recursos e indagando por aquí y por allá en medio de tierra de nadie, algunos jóvenes estábamos por "eso". Y "eso" te empujaba y además querías ser empujado. Simplemente se ha de tener cuidado con los socavones.

Pero si en este contexto barcelonés se veía claro que se es-taban dando los primeros pasos, era evidente que la familia mazateca cursaba ya en la universidad. Y de nuevo volví sa-cando dinero de donde no lo había y siguió el proceso. «Qué cosas pasarían que decirlas no puedo», dice un viejo poema. Me iba dando cuenta de que el saber de estos indios, que ape-nas decían una palabra más alta que la otra, guardaba algo muy importante, clave para mí; pero al mismo tiempo resul-taba que ese saber era incomunicable. Además, ellos, en ple-no viaje, decían cosas sorprendentes. En ese estado de clari-videncia recapitulaban la historia mazateca como si se tratara de una encrucijada de los caminos mayas y aztecas, ambos participantes de una sabiduría que, según ellos, provenía del cosmos. Por primera vez entendí el "viaje cristiano" y me di cuenta de que el sincretismo no era como dicen algunos an-tropólogos una estrategia de defensa de los indígenas para ta-par sus creencias, sino un encuentro en el territorio, en el que la esencia cristiana y la de los propios indígenas coincidían. Así pues, sólo cambiaban los nombres.

Estoy en una velada con toda la familia mazateca en pleno trabajo, y de repente comienzo a ser consciente de un extraño ronroneo. Tengo la sensación de que me estoy desplazando hacia algún sitio, aunque me encuentro con que no estoy solo, ellos me acompañan; eso me conforta. Abro los ojos o creo que los abro, aunque me era indiferente tenerlos abiertos o cerrados en aquel momento; el caso es que me doy cuenta de que ya no estamos en la casa del viejo indio. Presto mucha atención y, sobrecogido, percibo que estamos como en una inmensa burbuja en medio del universo siguiendo la oración mazateca que dirige el maestro. Hay una plenitud y una majestuosidad indescriptibles y, además, todo tiene visos de ir hacia algún sitio. De nuevo me viene ese ronroneo y tomo conciencia de que es la anciana, la mujer del viejo indio, quien me protege con una oración que va dirigida a mí y hace que me deslice empujado por un motor silencioso; ella se da cuenta y me sonríe con cierto gracejo indio exclamando: «¡Bonito! ¡Bonito!».

Años después de que ellos hicieran sus "apartes" en pleno trabajo llegó un día en que superaron las justificadas reticencias sobre un blanco en medio de la tribu y comencé a formar parte de una especie de pelota que en ciertos momentos de las "veladas" se agolpaba literalmente sobre el viejo indio para que me explicara qué era aquello que estábamos percibiendo, que región, qué divinidad y qué proporcionaba. Las veladas siempre se terminaban dando gracias a nuestro señor Jesucristo y a la Virgen de Guadalupe, y con las peticiones para la cosecha de milpa, el ranchito, la salud y la economía. Había cosmos y había tierra: cordura envidiable.

Cuando salíamos de la casa de las veladas, generalmente aún no había amanecido y el pueblo parecía de cartón. Las impresionantes montañas verdes aún se veían tapadas por la bruma que iba ascendiendo. A veces sólo la luna dejaba su ya típica palidez fantasmagórica. Los primeros coches empezaban la faena y algún perro se acercaba entre temeroso y hambriento. La inquietud de las primeras visitas había desaparecido y ahora toda esa humedad, lluvia fina, bruma impenetrable y silencio eran como una cálida manta que me cobijaba y me regalaba protección.

La propia familia, la gente en el mercado, la señora que regentaba un pequeño rincón restaurante a base de tacos y quesadillas, todos me hablaban de la época dura que pasaron en la sierra durante la década de 1960 y principios de la de 1970, cuando los jipis eran personajes desarrapados, sin un peso y pedigüeños, cuando no amigos de lo ajeno. Fueron los que llegaron allí para vivir gratis o se quedaron colgados al despeñarse por el mundo equivocado de la búsqueda. Al final tuvo que venir el ejército a sacarlos. Aún pude ver a más de un joven perdido sin identidad, sin pasaporte, sin dinero, que se había quedado enganchado y sin poder bajar. Lo máximo que se podía hacer era pagarle un pasaje para México D.F. u Oaxaca. Los que se dedican a los "turistas" tienen sus captadores, sus cabañas, pueden abusar de la "bruma interna" de los ingenuos y dejarlos en la cuneta en el momento en que se convierten en un problema.

El reto siguió planteando caminos, pues, a pesar de la buena acogida mazateca, seguía rondándome; pero esta vez tenía puestas las miras en el legendario mundo del Amazonas.

En la selva

Así que en poco tiempo me vi surcando desde el aire y navegando desde tierra el impresionante océano verde serpenteado por ríos y continuas barcazas que navegan desde Brasil a

Perú, a Iquitos y a todo el orbe amazónico. La selva amazónica remite a la soledad interior, hay veces que el silencio es sobrecogedor, sobre todo cuando caminas sin acompañantes. A la que te paras a observar y entras en la quietud, los animales aparecen, los monos piquitos, como si fueran un solo cuerpo, se asoman poco a poco desde detrás de las ramas para ser turistas del intruso y, al mínimo gesto, de nuevo al unísono se esconden, repitiendo el ballet numerosas veces. La iguano machaco, una serpiente venenosa de un metro y medio y gorda como un brazo robusto, retumba entre los árboles revolviendo la hojarasca. Los pájaros carpinteros son el tambor de la selva, los monos aulladores advierten a kilómetros de las presencias extrañas. En las ocasiones en que salí a cazar con algún indígena, comprobé de verdad sus recursos. De pronto se paran y exclaman: «¡Aquí huele a víbora!», y si no aparece la presa, con cierto resentimiento se disculpan: «¡El bosque

está en silencio!». Allí estuve, en medio de las chozas ilumi-
nadas por los trazos de luz de la tea, mientras las madres ofrecen los pechos desnudos a sus hijos, siempre con el rumor del
río y de los árboles de fondo, escuchando siempre las histo-
rias centenarias sobre los espíritus que nos rodean, recordan-
do con cierto temor a la Sachamama, la gran serpiente que
como una montaña puede absorber a los hombres.

Todo este halo mágico o grandioso se puede contemplar
también en el hábitat de la Yacumama, la gran serpiente que
habita en las profundidades, sobrecogidos ante la inmensidad
cuando se navega durante la noche en el río sin límites, sor-
prendidos por peces que, como sombras enormes, muestran
el poder indomable de la naturaleza entre el agua color tierra
y el firmamento diáfano.

El río es la autopista de la selva. De nuevo la cercanía de
la gente, sus conversaciones, como si todos perteneciéramos
al mismo pueblo, mientras las barcazas suben lentas y sin prisas meciendo las hamacas colgadas del techo. En pleno in-
vierno europeo me he encontrado en pueblos donde la cálida
cultura de olor y sabor a río presenta al caer la tarde una es-
tampa paradisíaca de pescadores, algunos con las canoas en
la cabeza. La explanada del mercado improvisado ofrece una
vital explosión de colores y sabores, de frutas y de todo tipo
de pescado, desde los enormes *paiches*, las *doncellas* y *dora-
das*, hasta los sabrosos *boquichicos*, por cierto, el mejor plato para la dieta, pues dicen los shipibos que sólo se alimentan
de chupar las paredes del río y de semillas. El calor sofocante que a veces se detiene algo en la noche permite a las personas salir a tomar el fresco a las puertas de las casas y disfrutar
de la conversación como todavía puede verse en los pueblos
de la España rural.

También en plena selva existen ciudades o más bien *pue-
blucos* construidos a partir de la explosión económica nacida

por las necesidades de la gente que también quieren participar de la sociedad de consumo. Ciudades jóvenes inundadas de motocarros que circulan sin silenciadores para conseguir más velocidad. Sin embargo, estos pueblos tienen la gracia de que en pocas horas puedes estar en medio de algún *macondo* donde el silencio y el paisaje muestran esa tranquilidad que los civilizados de hoy necesitamos. Es cierto que en plena selva hay serpientes, como ya se ha puesto de manifiesto, pero un amigo asheninka suele avisarme: «¡Hay más víboras en Lima!».

Efectivamente, mosquitos, calor sofocante y serpientes. De hecho, he coincidido con algunos accidentes mortales producidos por la serpiente *chuchupe*. También es verdad que muchas personas apenas ponen atención y andan descalzas entre la hojarasca o talando árboles en sus chacras o trabajando como esclavos para los madereros. Toda serpiente huye a menos que invadas el lugar donde están ovando, y a veces las más pequeñas son las más peligrosas, como *loromachacos, jergón*, etc.; todas salen huyendo, excepto las boas, que dormitan en la copa de un árbol después de haber cazado. En ese momento son presa de los furtivos que buscan vender su piel a algún turista. Creo que hay más peligro en las calles de cualquier ciudad que en medio del Amazonas.

Y la selva siempre reta a ir más allá de uno mismo y del contexto. Parece una búsqueda contra reloj en la que la tradición milenaria se disipa por efecto del vertiginoso cambio de nuestros días. Quiero decir que el turismo ha propiciado que salgan chamanes como setas, las necesidades económicas de estos pueblos pone el resto, aunque queda la esperanza del trasvase digno junto a la llamada de buscar un sentido a la vida por parte de los cansados occidentales. Forma parte del desafío –sin necesidad de rasgarse las vestiduras– comprobar *in situ* que, a pesar de conocer chamanes importantes, al final Internet masifica de forma imparable. He conocido lugares de apenas un par de cabañas que en cuestión de pocos años han pasado a convertirse en un complejo considerable. Esto forma parte de la expansión y está bien, siempre que no se pierda la tranquilidad. Precisamente esta tranquilidad virginal amazónica me ha llevado a rebasar los límites e ir surcando el río cada vez más adentro. ¡Hasta que se acabe! De este modo he conocido a indios que trabajan *puro vegetal* como ellos dicen, viviendo de la selva, utilizando la arena como jabón y sin una moneda; hay algunos que han sabido conectar increíblemente con el saber que no tiene nombre, y con ellos entras en la conciencia budista, la cristiana, el "universo cuántico" de la energía verde o el mundo de los universales, y además te da la impresión de que ese *indito* sabe un montón de todo ello. Tal vez porque ese saber, como dice César Calvo, está en el aire.

Hoy día el mundo indígena todavía mantiene el secreto a pesar de las poderosas parabólicas y la idea de que el indígena no hace arte sino artesanía, no hace medicina sino curanderismo, no tiene creencias sino supersticiones, etc. Es cierto que el saber indígena no es mayormente racional, y es bueno que los indios accedan a él, pero poseen un saber en parte trans-racional al que los racionales también es bueno que accedan. Es lo que hay: la Tierra como una batidora, la época que nos ha tocado vivir…. y puede que tenga su sentido.

Camino del *Sabanai*

El *Sabanai* es uno de los lugares sagrados hacia donde los mazatecos se dirigen y sólo se puede entender estando. Los mazatecos describen el *Sabani* como «unos espacios curvos, en el más allá, donde los grandes espíritus habitan y nos instruyen sobre cómo vivir, cómo curar... Son unos cerros y volcanes que muestran la fuerza de la madre naturaleza».

Lamento que sea imposible transmitir la apertura de la esencia del conocimiento indígena. Pero sí podemos entender que hay dos vías no excluyentes de entender la verdad humana a través de los siglos de los que tenemos constancia.

Una pista corresponde a la *historia del estar* en el mundo, de la densidad habitual, el mundo social y político. En este mundo disponemos de documentos de identidad y formamos parte de países, himnos y banderas. Pero existe también la pista del *mundo del ser*, que pone de manifiesto la esencia intemporal del propio individuo desde los tiempos inmemoriales, como podemos observar en la historia de Gilgamesh y de otros textos de la tradición. Este mundo del ser corresponde al derecho de saber quiénes somos y hacia dónde vamos, sobre todo para aquéllos para quienes es importante esta pregunta. Y lo ha sido para algunos a lo largo de los siglos; entre ellos están los que pertenecen a las culturas indígenas, el legado chamánico que no ha parado de evolucionar desde las tempranas épocas de las cavernas. La *historia del ser* no se reduce esencialmente a creencias ni a identidades particulares ni está sujeta a devaneos de moda o a ideas políticas. Está siempre subliminalmente debajo de cada piel, aunque no se le preste atención; es raro que en los momentos cercanos a la muerte en el ser humano –que tiene especial capacidad para poder entender lo que eso significa– no aflore la pregunta.

La historia del ser es la que nos ha dejado las huellas de todas las búsquedas del sentido de la humanidad en este mundo. Y desde ahí entendemos el viaje.

La felicidad es el recuerdo del pasado y tal vez todo ser humano sepa sobre ello, porque lo que es "más pasado" puede acabar rebasando el tiempo. Y lo que cruza ese límite no está tampoco en el futuro.

Pero lo más relevante es que todo proceso humano es evolutivo y todo quehacer es un sustituto del encuentro: la totalidad innombrable. Y lo más eficiente es al menos tener un camino "hacia". Para ese camino, las tres vías –purgativa, iluminativa y unitiva– y los tres mundos –inframundo, mundo medio y supramundo– constituyen una clave. Lo sabían los místicos como san Juan y santa Teresa, también grandes filósofos, literatos y científicos, y lo saben muchos chamanes. Lo importante es cómo transitarlo sin peligro. Porque en estos procesos es verdad que se vive la dicha pura, pero también el terror en estado puro. Y a veces el cuerpo, el sistema nervioso, no resiste.

«¡Puede ocurrir un accidente psicológico, doctorsito!», decía graciosamente un chamán shipibo.

He leído y escuchado numerosos procesos tanto en Europa y América como en plena montaña y en la selva de investigadores, algunos de ellos importantes, venidos de varios continentes y con muchos años de trasiego. Hay una constante en muchos de ellos: se quedan en procesos primarios porque no se han preparado previamente. En demasiadas ocasiones las vivencias en plena selva se reducen a procesos purgativos a veces peligrosos, puesto que el exceso de *basura* puede aplastar –he presenciado algunos momentos terribles sobre todo de anglosajones ingenuos– y como consecuencia se llega a muy pocos o débiles accesos a vías iluminativas. No importa que haya proceso purgativo, hasta cierto punto en estas vivencias probablemente siempre hay algo de ello en personas preparadas, pero no deberían llenar todo el espacio. Al menos deberían dejar una rendija para mostrar lo innombrable.

Por lo tanto, hemos de recalcar la primera clave del proceso:

• *Vía purgativa*, que ha de estar trabajada previamente, al menos en una buena parte. El proceso ha sido reseñado ya.

• *El valor del miedo. La vía que perfora.* Si existe una preparación, el miedo deja de ser una barrera para convertirse en un estímulo, y ha de ser perforado en sus innumerables formas. Una de las formas más pesadas aparece al principio bajo aspecto animal o de abismos infranqueables que hay que *perforar.* Mantenerse ahí como Pangínima, el que mira de frente, donde sea. Son como guardianes terroríficos, parecidos a los grifos, esfinges y otros elementos del infierno dantesco. Pueden ser una barrera o una apertura; todo depende. Lo grave es que estas vías no se diferencian de las que a veces se escogen para rellenar el fin de semana entre mezclas diversas: inocencia, ingenuidad, poder, negocio, pulsión de búsqueda..., más alcohol, cannabis, ayahuasca.

• *Valor del soporte.* La adecuada preparación previa ofrece soporte. Hay veces en que, durante el trasiego expansivo, aparece un estado vibratorio en el que el cuerpo siente que puede desintegrarse en cualquier momento y presenta síntomas parecidos a esos pilotos que han de pasar por duros entrenamientos en los que son sometidos a máximas presiones y velocidad. El investigador ha de saber estar consciente y también qué es lo que está pasando y dónde está.

• *Sensibilidad extrema.* La persona tiene las antenas desplegadas al máximo en todos los niveles, tanto para lo físico como para lo psíquico y para lo que la rebasa. Se distorsiona la percepción, y el sonido de un mosquito puede ser el de un avión a reacción, el olor a tabaco puede ser asfixiante y tal vez provenga de un cigarro del otro extremo de la maloca. Uno, una, ha de saberlo.

• *Hay algo o alguien ahí fuera.* Pero no sabemos qué es, ni se puede probar. ¿Por qué demonios todo ha de ser probado y para qué? En esas latitudes no hay mercado. Se ha de mantener la conciencia del momento, sobre todo dice Antonio, un chamán asheninka, cuando esos *espíritus* se acercan tanto que te pueden tocar: tú mantente en tu sitio, ¡no pasa nada! Y uno oye palabra de santo, la necesita en esos momentos. Si la persona mantiene el tipo, puede comprender y sabe que puede observar; toma conciencia de algo que es sólo para ella.

Una de las cosas que más me impresionaron fue estar de perceptor ayudante con Antonio, el indio asheninka, sobre todo cuando venían europeos y americanos difíciles con los que a él no le resultaba fácil entenderse y a los que yo apenas había conocido unos días antes o, a veces, en ese momento, ya que estaban dietando internados en la selva y sólo aparecían para el trabajo. Se presentaban momentos en que era casi imposible mantener la atención consciente, pues toda la vida de la persona nos llegaba en tromba. Era tan fuerte que tenía que retirarme unos metros para tomar aire y acercarme de nuevo. Al final acabábamos muy cansados pues incluso veíamos y además teníamos que soportar toda una marabunta que se acercaba a cada persona como para provocarlas o enseñarlas. El asheninka decía: son espíritus. Obviamente el estado general era extraño en toda la maloca, era como si estuviéramos en planos superpuestos, pasando repentinamente de uno a otro. A duras penas podíamos entrar en espacios más físicos –aunque no era imposible– y saltar a otros planos para atender a la gente. Había momentos en que Antonio y dos ayudantes no podían hacer nada a pesar de sus limpiezas con ruda y sus cantos; entonces me pedían pasar a la acción, que era pura psicoterapia de relajación y toma de conciencia, además de trabajar la confianza en sí misma de la persona en cuestión. También en aquella época me sorprendía la capacidad de ver a la persona con diferentes caras o cuerpos. Por ejemplo, recuerdo a una doctora francesa, de más de cuarenta años, a la que veía deformada, extraña, y sabía que Antonio veía lo mismo, pues en esos momentos emerge una seguridad absoluta. Aparecía, digo, con una cara llena de arañazos y cortes. Intentaba parar la visión y poco a poco regresaba la cara normal, pero si dejaba fluir, podía incluso ver su cuerpo descoyuntado. Lo impresionante era que ella misma se sentía así, y trabajé con ella para que a la luz de esas figuras y sensaciones tomara conciencia de lo que le estaba sucediendo en aquel momento, que lo percibiera, que sacara un provecho impagable para su salud y que lo aplicara a su vida cotidiana. Estaba claro que aquella mujer bordeaba un suicidio, soportaba un sufrimiento extremo, y lo que surgió resultó de un valor incalculable.

Creo que con un ejemplo de éstos es suficiente, pues es fácil caer en el peligro de convertir vivencias vitales en *experiencialismos* y en una plataforma circense. Sin embargo, en una sesión como ésta se puede aprender sobre el terreno lo que puede ser una situación de iluminación –entendiendo esta vía como la que nos permite encontrar un saber decisivo para nosotros– y ofrecernos la alegría de la vida, o bien podemos hallarnos con situaciones más propias de una psicosis y esquizofrenias transitorias, que siempre son un aviso para navegantes.

No parece haber diferencias significativas entre la vía mazateca, la asheinka o la shipiba. Quizás cambie algo "el decorado", pero el camino expansivo presenta unas claves muy parecidas, los mismos peligros, las mismas oportunidades. Y además, como expresa Joan Halifax (1988), médica antropóloga, en el sentido de que el chamanismo mantiene curiosas coincidencias con el budismo, ambos buscan el silencio de la mente carente de movimiento. Ir sin guía a partir de ciertas "moradas", como decía Teresa de Jesús, es motivo de que uno se pueda quedar atrapado en algún pliegue de lo innombrable. Por ello Stanley Krippner, profesor de psicología, y Joan Halifax se lamentan por que haya tantas personas que se encuentran en tratamientos químicos o psiquiátricos por estar presos en estos mundos de búsquedas de los que apenas sabemos nada.

Sin embargo, algo nos incita a salir de la caverna –hoy día constituida por un ser humano reducido a materia mecánica rentable–, una fuerza que nos empuja a salir del molde –siempre transitorio– para acceder a la vivencia de lo incausado e interiorizar la ley, el conocimiento y el servicio.

9. UNA INGENIERA EN LA SELVA

«¿Qué se puede uno encontrar?», «¿cómo decirlo?», «¿es importante decirlo?». Estas preguntas pueden irse respondiendo equilibradamente, justo desde la vía media, si es posible, el punto de tensión entre los contrarios.

Creo que el acceso al conocimiento que nos puede brindar la sabiduría intemporal puede ofrecer vías de salida a personas innovadoras de espíritu inquieto, para quienes a veces la vida se convierte en una mili insoportable. Hemos tenido tiempo de conocer algunas tragedias por falta de encuentro. Por el bien de la sociedad, creo que es importante que con buen pie y sentido común entendamos que vivir no puede reducirse a tener todos los productos que incesantemente brinda el mercado como filosofía de vida. Estamos aquí para algo más, aunque nos cueste entenderlo y todavía más asumirlo. Este conocimiento del que estamos hablando puede que nos ofrezca un buen regalo de reyes, una buena estrella. Siempre es posible que nazca en el portal de la selva ese "algo más" antes de que se acabe el tiempo.

Este relato no habría sido posible sin una exhaustiva preparación, lo que ha permitido resolver por lo tanto gran parte de la vía purgativa. Este paso –partiendo de una decisión y de una valía personal, la de una mujer a la que llamaremos E.– da lugar a una sensibilidad que va a posibilitar recibir impresiones precisas; a ello le seguirá un proceso de inestabilidad creciente y, tras superar una posible fluctuación, acceder a una bifurcación innovadora: la vía de resolución iluminativa, un regalo de la naturaleza.

En vías de preparación

E. es una mujer inquieta, de esas "adelantadas" que se dirigen hacia la "única búsqueda", entra en la selva después de un trabajo personal y consigue abrir una puerta, la gracia que de pronto abre otra forma de comprender. Éste es su testimonio.

Aquella noche estaba preocupada porque notaba que mi cuerpo tenía una temperatura muy alta. Creía que tenía fiebre por alguna infección y que eso me iba a impedir seguir. Tenía una llaga en la boca y una pequeña herida en el brazo: ambas podían haber provocado una infección. Durante la cena estuve con esa sensación de fiebre.

Después de cenar fuimos todo el grupo a la habitación en la que yo dormía, y el instructor nos dio algunas pautas que debíamos seguir durante el trabajo.

Instructor (I.): La planta demanda atención. Es una energía con mucha exigencia. Se trata de perforar la visión, mantenerse ahí, sin meter el coco. Habrá bajadas al inframundo –vías purgativas–. Quédate ahí, que ya saldrás. Los ícaros te irán guiando, a veces los oirás cerca, a veces casi no los oirás. Puede que aparezcan vómitos; en ese caso, uno vomita y punto. La clave es mantenerte en tu sitio y perforar la visión, no rechazarla, mantener los "ojos abiertos". No acción, mantener la visión, mantenerte con tu conciencia en tu sitio. Y aquello empieza a transformarse en el momento en que mantienes la visión.

E.: ¿Hay hara* *durante la toma? ¿Hay* hara *al otro lado?*

---

* *Hara.* Punto corporal situado dos dedos por debajo del ombligo, centro de atención en la meditación zen, y considerado la puerta del universo.

I.: Hay hara *allí, y hay* hara *aquí.*

E.: ¿Cómo sé si tengo que realizar una acción determinada durante el trabajo?, ¿y si alguna de las visiones es una invitación a hacer algo?

I.: Tú te mantienes en tu sitio. Mantienes la pregunta, y mantienes la respuesta. Observas –más que observar, percibes– y perforas. *¿Entiendes? Se puede pedir a la planta que te dé más información. Pero nunca exigir nada.*

Luego fue diciendo cómo veía el trabajo del día siguiente de cada uno.

I.: Puedes volver del viaje convertida en una guerrera. En tu caso, se trata de la constatación de un proceso. ¿Entiendes?

E.: ¿La confirmación? ¿Eso quieres decir?

I.: Más o menos. El proceso está siendo sólido. No dual.

Después de esta conversación nos fuimos todos a dormir. Aquella noche se oían cantos en la lejanía. Yo me fui a dormir con la sensación de tener fiebre, preocupada por no poder hacer el trabajo al día siguiente. A la media hora de dormirme tuve un sueño y pegué un grito. Estaba soñando que mi cabeza explotaba en luz, y aquella luz salía de mi cabeza en forma de corona como la de los santos, como si fueran rayos de sol. Me desperté muy agitada. De fondo se oían algunos cantos, y yo no me sentía cómoda escuchándolos, sentía cierto miedo y rechazo. Tenía la sensación de que la temperatura de mi cuerpo era cada vez mayor. Además, estaba preocupada porque con mis gritos podía molestar. Aun así, volví a dormirme. Al poco rato volví a tener otro sueño del que me desperté sobresaltada. Esta vez soñé que estaba tumbada boca arriba y que algo que estaba en mi vientre estallaba y salía despedido desde mi barriga hacia arriba, con tanta fuerza que el impulso hizo que me incorporara en la cama y me despertara. Tengo el cuerpo ardiendo. Estoy asustada. Tengo ganas de tirar la toalla. Pero una voz interior me dice: «Mantente ahí». Permanezco despierta y al tanto de todo lo que ocurre. Comienzan a sucederse varias visiones. Lo primero que veo es una gran pantera negra paseándose lenta y silenciosamente por la habitación, hasta que se queda tumbada a los pies de mi cama. También veo a uno de los compañeros del grupo, a D., que está andando a gatas por el dormitorio. A continuación aparece una armadura de las de caballero de la Edad Media. Yo me la pongo y en ese momento veo que está el instructor a mi lado. Él también lleva puesta una armadura.

E. (En tono de broma)*: I., me parece que te va a tocar currar esta noche...*

Entonces aparece ante nosotros un gran fuego, y lo atravesamos sin quemarnos, gracias a que llevamos las armaduras. Luego estoy tumbada en el suelo, con un sable en la mano derecha y la otra mano sujeta a la de I.

E.: I., me tienes que acompañar en esto... No pensabas que te fuera a hacer trabajar un día antes, ¿eh?

Hay momentos de risa, de carcajadas, de complicidad. Continúo con una sensación muy fuerte de calor en todo el cuerpo. La visión cambia de escenario y me encuentro con que tengo a mi lado a la Virgen –es una imagen de la Virgen que había en el colegio de las teresianas–. La Virgen me coge de la mano y empezamos a andar juntas hacia delante, hacia una luz muy blanca que hay al fondo. I. me suelta la mano y se despide de mí, pero se queda atrás viendo cómo me alejo. Veo a mi abuela paterna sentada enfrente, que de repente se transforma en un monstruo: es una anciana con aspecto malévolo.

I.: Cuidado, no avances más sola. Ya está bien por hoy.

Me vienen unas frases a la mente: «Recompensa», «El cebo», «El primero que se mueve, pierde», «¡Desde hara*!».*

E.: I., dame una señal mañana de que esto que estoy viendo y experimentando es real.

I.: Te toca hacer esto sola.

E: ¿Por qué me está pasando esto a mí?

I.: Mantén una atención limpia. No interpretes. Sólo acoge lo que te llega.

E.: Tengo miedo. No sé cómo voy a integrar todo esto en mi vida cotidiana.
    Siento una enorme responsabilidad. ¿Tengo algún don que me permite percibir cosas que otros no pueden? Tengo que terminar de limpiar…

Después de estas visiones salí de la habitación y al volver comencé a escribir lo que me había ocurrido. Comencé a especular con posibles explicaciones a cosas que habían sucedido en los días anteriores. Pensé que quizá me estaba volviendo loca. Ya no pude volver a dormirme. Al poco rato, comenzaba a amanecer en la selva. Y mi cuerpo seguía pareciendo una estufa.

En el camino

Estaba asustada; las visiones que había tenido la noche anterior me habían desestabilizado. El miedo a la locura me martilleaba constantemente, hasta el punto de hacerme dudar de si iba a hacer el trabajo. Luchaba con todas mis fuerzas por mantenerme en mi sitio, pero me asaltaban muchos patrones: el miedo a la transformación, mis expectativas catastróficas, el miedo a la prueba, la falta de confianza en mí misma… En la integración que tuvimos por la mañana, conté la experiencia de la noche anterior. Aunque I. me dijo que lo que me había pasado era una buena señal, yo no conseguía tranquilizarme. Estaba muy asustada y con una sen-

sación de angustia que recordaba como muy familiar, pero no conseguía expresarla. Reconocía esa sensación porque la había sentido antes. Hacía años que no experimentaba esa angustia desgarradora, esa sensación de puñal que me oprimía el pecho. Una angustia que yo sentía que provenía de algo muy profundo. Era una sensación de inseguridad vital que me vencía.

Mis esfuerzos por estar en hara no daban fruto, me encontraba perdida en una vorágine de pensamientos de la que no conseguía salir y que me impedía identificar cuáles eran los patrones que me estaban atrapando y liberarme de ellos. A ratos me veía con fuerzas, pero la fortaleza desaparecía rápidamente y al instante siguiente me veía hundida y tiraba la toalla. Estuve toda la mañana subida a esta montaña rusa de emociones y angustias. Sin embargo, después de comer, algo cambió y conseguí parar la mente por unos instantes. Una vez que bajé a hara, vi con total claridad que quería participar en la vivencia. Desde ese momento fui capaz de mantener la decisión.

A media tarde hicimos una recapitulación. Desde hara la recapitulación me permitió desenmascarar a todos los "miedos a" con los que mi mente pretendía sabotearme. Tomar conciencia de cada uno de estos miedos me permitió enfrentarme a ellos y no sucumbir, aunque seguían estando ahí. Desde este centro en hara veía a cámara lenta cómo iba surgiendo de mi mente cada uno de los pensamientos que provocaban en mí un miedo. Era como si desde hara pudiera poner distancia a mis miedos, aceptarlos e identificarlos como un patrón. A partir de ahí el pulso con mi mente, que pretendía sabotear el proceso, fue más fácil de llevar.

Llegó el momento. Estaba sorprendida conmigo misma porque justo en los instantes antes de la toma me encontraba tranquila con una gran seguridad y confianza en mí misma y

en lo que estaba a punto de hacer. Esta seguridad no la per-
dí ni por un instante.

Ya estábamos todos preparados. Llegó A., un indio ashe-
ninka, que dirigió el proceso junto a I. Empezó el ritual. I.
nos iba llamando uno a uno. Llegó mi turno. Me levanté y A.
me ofreció la copa. Me senté y cerré los ojos. Inmediatamente
empecé a tener muchísimo sueño. Luchaba por mantenerme
despierta, pero los ojos se me cerraban mientras escuchaba
cómo mis compañeros empezaban a vomitar. Perdí mi cen-
tro. No conseguía mantenerme en hara: *empezaron a venir*
a mi mente pensamientos relacionados con sucesos y perso-
nas de mi vida cotidiana –trabajo, amigos, cosas triviales–
que nada tenían que ver con el proceso. Estos pensamientos
me atrapaban y era como si hubiera retrocedido a unos años
atrás, cuando empecé por primera vez a hacer hara *y no con-*
seguía parar la mente ni por un instante. En este intento in-
fructuoso por mantenerme en hara, *a veces el sueño me ven-*
cía durante algunos instantes. Me decía a mí misma: «Pero
¿cómo es posible que te duermas ahora, en un momento así?
No puedo dormirme, esto es muy serio». No sé cuánto tiem-
po estuve luchando contra ese sueño. En un momento deter-
minado, oí a I.

I.: E., ¿Sientes algo?

E.: No, nada. Tengo mucho sueño. Estoy luchando por man-
tenerme despierta.

I.: No luches, obsérvate. Voy a hablar con A. para ver si te
damos un poco más. La sesión está siendo fortísima.

E.: Vale, de acuerdo.

Yo me quedo pensando que a lo mejor a mí no me hace efecto. Pasan unos instantes e I. vuelve.

I.: Hemos hablado y no te vamos a subir la dosis. Pero levántate y siéntate cerca de nosotros. Puede que así comiences a percibir algunas de las cosas que están sucediendo.

Me senté enfrente de A., pero nada, yo no notaba ningún efecto. Entonces I. volvió a llevarme a mi sitio y allí estuve sentada hasta que llegó el momento de la sanación de A. Durante la sanación no sentí nada, yo seguía sin notar ningún efecto, como si no hubiera tomado nada. Pero por lo menos ya no tenía sueño. Según me dijo I. al día siguiente, debí pasarme así alrededor de una hora y media.

De repente, todo cambió. Los primeros síntomas de que algo empezaba a moverse dentro de mí empezaron con una ligera sensación de náuseas. No soy capaz de recordar cómo se produjo ni cuánto duró la transición entre la sensación de náuseas y mi primera visión. Sólo sé que, de repente, una visión aterradora se apoderó de mí y entré en el más angustioso pánico que había sentido nunca. La visión consistía en que mi cuerpo se encontraba invadido físicamente por entes diversos, que no consigo identificar, pero que venían de la tierra. También algunos de ellos aparecían fuera de mí, rodeándome y devorándome.

Aunque he hablado de cómo eran las visiones, yo no identifico esa situación que estaba viviendo como una visión que se estaba produciendo fuera de mí, y que yo observaba desde fuera. Eso no lo estaba viendo como si fuera una película: estaba sucediendo de verdad, aquellos monstruos estaban realmente dentro de mi cuerpo, yo sabía que la planta simplemente estaba aumentando mi capacidad de percibirlos.

No consigo identificar qué tipo de animales, fieras o entes eran, creo que eran animales de tierra, algunos eran aves de corral, como gallos, pero a otros los identifico más con gusanos gigantes. Los entes me tenían completamente acorralada y aterrorizada, presa del pánico. La respuesta de mi cuerpo fue la característica de un ataque de ansiedad: sensaciones de hormigueo intenso en brazos y cara, un pinchazo de dolor en el esternón... Mi cuerpo se derrumbó contra el suelo, y me sentía sin fuerzas para colocarme recta y en hara. Agonizaba, deliraba: me había rendido ante ellos.

Todas las pautas que había dado I. sobre cómo afrontar la visión parecían no existir para mí en aquellos minutos de agonía. De mi boca sólo salían quejidos lastimosos y ni siquiera era capaz de pedir ayuda. Creo que perdí la conciencia durante aquel rato. Soy incapaz de decir cuánto duró esta agonía.

De repente, empecé a oir la voz de I.

I.: E., ¿me oyes? ¿Eres capaz de escucharme?

E.: Sí, sí que te oigo. Pero me parece que estás muy, muy lejos.

I.: E., escúchame, estoy aquí al lado. ¿Me oyes?

E.: ¡I., estoy rodeada de monstruos, tengo algunos monstruos dentro de mí! ¡Hay aquí un pajarraco! ¡Mira qué pajarraco!

Empezó a darme instrucciones para salir de la "emboscada" en la que me encontraba. La consigna era:

I.: Inspira a los monstruos en hara... y con la espiración, los expulsas. ¡Inspira... y expúlsalos!

Yo era capaz de escucharle, pero no conseguía que mi mente transformara sus instrucciones en una acción sobre mi respiración. Me sentía sin fuerzas para hacer siquiera una única inspiración en hara. *Tan sólo cuando I. colocó su mano en mi* hara *fui capaz de reconocer ese punto en mi cuerpo, y por fin conseguí inspirar desde ahí. Pero no tenía fuerzas para hacerlo yo sola. Los entes me tenían rendida a sus pies, incapaz de ofrecer resistencia alguna. Por mi boca salían frases de rendición, aterrorizada. Estaba completamente a merced de los monstruos, podían hacer conmigo lo que quisieran. I. seguía a mi lado, insistiendo en lo que debía hacer para resolver esa visión.*

I.: E., ¡inspira en hara, *y expúlsalos!*

E.: ¡No puedo, no puedo!

Buscaba algún resquicio de fortaleza en mí, pero sólo encontraba miedo. Estaba haciendo esfuerzos sobrehumanos por resistir, pero no podía. Tenía la sensación de que jamás saldría de aquel infierno.

I.: E., ¡si dices no puedo, entonces no vas a poder!

Era verdad. Estaba en mi mano el salir de ahí. Yo le entendía, pero no encontraba la fuerza que me estaba pidiendo. No sé cómo, ni en qué momento, porque perdí la noción del tiempo, pero en un instante determinado conseguí empezar a espirar a los monstruos. Los vomitaba, los exhalaba, salían de mí con alaridos que me aterrorizaban, con sonidos que salían de mi boca, pero que yo no reconocía como míos. Nunca había gritado de aquella forma, tan desgarradora, tan animal. En algunas de las expulsiones de los entes, notaba que venía un ayudante a frotarme con un manojo de plantas para ayudarme a sacar los monstruos. Y ahí mi mente empezó a especular. Empecé a pensar que yo estaba más sucia que los demás, y por eso yo era la única a la que había que hacerle aquellos "exorcismos".

E.: ¿Qué me pasa? ¿Por qué están aquí estos monstruos? ¿Por qué tengo yo estos monstruos dentro de mí?

I.: Porque los tienen todos.

E.: I., yo creía que este viaje iba a ser más bonito. Yo no sabía que tenía estos monstruos dentro.

I.: Sí, sí que lo sabías. Escucha, E., dentro de ti tienes la fuerza suficiente para vencerlos. ¿Me entiendes? Escucha lo que te digo: tú eres más fuerte que todos ellos.

Esa frase fue el detonante para que mi actitud de rendición cambiara: yo decidía si me rendía o no, era yo la que debía poner de mi parte para salir de aquel infierno.

A partir de aquel momento todo cambió. No sé cómo, pero poco a poco, conseguí empezar a inspirar y espirar en hara por mí sola. Al espirar notaba cómo los monstruos iban saliendo en forma de vómitos, de gritos desgarradores y alaridos que surgían de lo más profundo de mis entrañas mientras el ayudante continuaba haciéndome los rituales: oía el ras ras del manojo de plantas, venían olores extraños, sentía que me ponía agua sobre la frente, oía frases que no entendía... Era curioso, todos esos rituales me resultaban extrañamente familiares. Y comencé a sentir que yo tenía algo que ver con ese mundo chamánico. ¿Cómo era eso posible? Mi mente seguía especulando. Me preguntaba de nuevo por qué es-

taba siendo yo objeto de tantas atenciones, de nuevo preocu-
pada por si estaba más "sucia" que el resto del grupo. Todo
esto iba acompañado de una sensación de liberación inmen-
sa, cuando con cada una de las espiraciones veía cómo los
monstruos iban saliendo de mi cuerpo, uno a uno y con mu-
cho dolor, con cada grito, con cada gruñido, con cada rugi-
do ensordecedor, con cada vómito, con cada llanto. Aunque
sentía que las fuerzas me flaqueaban en muchas ocasiones,
ya no volví a caer en lo profundo del abismo. En cada ciclo
de respiración en hara iba ganando en fortaleza y me iba lim-
piando. Poco a poco fui cogiendo fuerza y conseguí sentarme
con la espalda recta. Y entró en mí una determinación: ¡voy
a limpiar todo esto!

I.: Estás más limpia de lo que crees; eres exigente, eso está
bien.

Pasados los momentos de angustia y de pérdida de control de
la situación empecé a tener una sensación que me sorpren-
dió gratamente. Me encontré a mí misma disfrutando cada
vez que "podía" con alguno de los monstruos. Me empecé a
tomar esta tarea como un proceso de limpieza de mí misma.
Ninguno de los entes que iban apareciendo era ya capaz de
derrumbarme.

I. me recordó la pauta de "perforar la visión", y en algunas
ocasiones, recuerdo una de un tigre de ojos azules, fui ca-
paz de hacerlo y, al perforarla, el tigre se disolvió ante mí.
En esos momentos en que perforaba una visión, la realidad
parecía inmóvil, el tiempo se paraba, el espacio se distorsio-
naba y se ampliaba mi campo de visión. Todo ello iba acom-
pañado de una sensación de entrada en el más absoluto de
los vacíos. No existían sonidos, reinaba el más absoluto de

los silencios. Paradójicamente, a la vez que todo fuera de mí parecía inmóvil, yo era capaz de realizar el movimiento de "penetrar" hasta lo más profundo de la visión. La sensación corporal es difícil de explicar, pero era como si mi cabeza entrara en una vibración finísima, pero muy intensa. La imagen que tenía ante mí dejaba de estar limitada por el ángulo de visión que tengo ahora mismo, era como si ese ángulo se ampliara, como si no fueran mis ojos los que veían, como si estuviera "viendo" con una cámara que pudiera abarcar 360 grados. No veía algo ante mí, sino que yo formaba parte de "eso" que estaba frente a mí. Cada vez que perforaba una visión, mis sensaciones se debatían entre dos polos opuestos: el miedo *al vacío que tenía al adentrarme para perforar la visión y la* confianza *de que, en ese pulso con la visión, yo iba a salir vencedora y la visión se iba a disolver.*

Conforme pasaba el "tiempo" la proporción de miedo disminuía y aumentaba la de confianza. Una confianza que poco a poco fui ganando al comprobar cómo, siguiendo esta pauta, era capaz de conseguir que la visión se disolviera. Era como si en estos pulsos el monstruo que aparecía ante mí me tanteara y, al ver que no conseguía asustar a su presa, yo me ganara su respeto y él se marchara, puesto que no iba a lograr su propósito. Salían por mi boca rugidos amenazadores como si yo me hubiera convertido en una fiera poderosa capaz de ahuyentar a cualquier otra fiera que se cruzara en mi camino. A veces mi mente entraba para meterme el miedo de si realmente los estaba ahuyentando o si me estaba convirtiendo en uno de ellos, cuando oía los rugidos que salían por mi boca.

   Recuerdo que en una de las visiones aparecían varias panteras negras. Las fui ahuyentando a todas. Entre ellas apareció una pequeñita, a la que no quería matar. Yo seguía asustada y confirmaba con I. cada paso en el que dudaba, y me surgió una duda:

E.: I., a ésta panterita no la quiero matar, ¿me la puedo quedar?

I.: ¿Te la quieres quedar? Pues nada, ¡quédatela!

La cogí, la puse en mi regazo y la senté a mi lado. De vez en cuando le hablaba para decirle que no se asustara cuando me oyera gritar, que los gritos no eran para ella. Creo que en este momento pude sonreír por primera vez en la noche.

Otra de las visiones tuvo que ver con una serpiente. De repente, en mi cuerpo se produjo un movimiento ondulatorio que comenzó en el coxis y acabó en la nuca, como de tres o cuatro ondas. En el momento en que la onda llegó a la nuca vi que tenía una serpiente enroscada en la columna, con su boca en el coxis. Le veía los ojos, la boca y la lengua, y me daban miedo. Quise que saliera y en ese momento desapareció, creo que salió por la cabeza. I. me dijo que la dejara a un lado para más tarde.
    Otro de los animales que tenía dentro de mí era un gallo que tenía sus garras en mi garganta. Espirando en hara conseguí arrancarlo de ahí. Otros animales de corral y algunos pájaros aparecían en las visiones.

I.: Con el trabajo que llevas hecho probablemente se desvanecerán simplemente con que les soples y sabrás qué representan en lo más profundo de ti.

Probé y efectivamente, se disolvían al soplarles. Otro bicho, una especie de ameba/pulpo, estaba adherido como con ven-

tosas en la parte posterior de la cadera derecha. I. presio-
nó en esa zona para que saliera. En general, cada vez sentía
que iba ganando más fuerza y que me encontraba más cómo-
da, hasta incluso hubo "instantes" en que no percibía nin-
gún monstruo.

Cuando dejé de sufrir y de estar aterrada empecé a can-
tar ícaros. *No soy capaz de recordarlos todos. Uno de ellos*
decía: «Quí si mí máni. Quí si mí máni. Quí si mí máni».
Luego creo que empecé, estando aún sentada, con danzas
mezcladas con vibración. No identifico si eran danzas de ori-
gen indígena americano o africanas. Pero sí que sé que co-
necté con una parte de mí que tiene que ver con ese mundo
tribal/aborigen. Y que me sentía como "en casa". En una de
las visiones me encontraba en medio de un pequeño pobla-
do africano, con el suelo de arena rojiza, chozas con el techo
cónico, de paja, y hombres y mujeres negros, altos y delga-
dos, también vestidos con colores tierra. Las mujeres lleva-
ban cosas en la cabeza y las recuerdo muy esbeltas, aun-
que no pude ver sus caras. Fue una visión muy hermosa. Las
gentes de aquel poblado estaban felices y yo también lo es-
taba por encontrarme allí. Mientras tenía esta visión, empe-
cé a cantar otro ícaro, *pero no recuerdo cuál. Entré entonces*
en una fase en la que no me reconocía a mí misma. Estaba
llena de fuerza contra aquel mundo maligno y tenía la sen-
sación de que tenía la capacidad de realizar rituales para
ahuyentar a los demonios. Empecé a hacer alguno de es-
tos rituales. Era como si algo dentro de mí tuviera guardada
memoria de qué es lo que había que hacer para expulsar a
los demonios. Pasé por momentos en los que me encontraba
a mí misma haciéndome "cosas/rituales" para sacarme los
monstruos fuera. Ágil, rápida, con determinación, sin dudar
ni un instante, con autoridad... Pero ¿de dónde me viene esa
fuerza? Por ejemplo, me presioné en el punto de angustia de

la boca del estómago, y conseguí entrar en él con mucha fa-
cilidad; mis dedos eran capaces de hacer una hendidura en
esa zona. (Acabo de comprobar que ahora mismo no puedo
casi ni meter los dedos.) También pedí agua para frotarme
la cara y los brazos, yo sentía que para ahuyentar los mons-
truos ese tipo de movimientos era efectivo. También empe-
cé a hacer gestos y movimientos bruscos con los brazos y las
manos. Hacía ruidos, daba palmadas. Y hablaba con los de-
monios para ahuyentarlos, decía frases en otro idioma que ni
yo misma entendía. Como si hubiera estado haciendo "estas
cosas" toda la vida... Todo esto era muy familiar, pero ¿de
qué parte de mí vienen estas habilidades? A la vez, sabía que
con esto que estaba haciendo estaba entrando en un mundo
muy peligroso al que había que tener mucho respeto. De re-
pente, mi sensación fue que ya no eran sólo monstruos míos
los que estaba ahuyentando, sino que eran de todos. Y yo es-
taba ayudando con mis gestos a que desaparecieran. No sé
si a partir de ahí entró mi coco a funcionar, pero empecé a
"pensar" que estaba disfrutando con esto de ahuyentar a los
monstruos, que se me "daba bien" y que en cierta forma es-
taba ayudándome no sólo a mí, sino a los demás del grupo.
Pensé: «Ya está aquí el personaje de "la perfecta"...».

E.: I., ¿hay algún trabajo que consista en hacer estas cosas?

No estoy segura de su respuesta, creo que fue una carcaja-
da. De vez en cuando aparecía algún monstruo por ahí, pero
ahora ya no estaban dentro de mi cuerpo. Sentía que no iba
a acabar nunca de disolverlos a todos...

I.: No hace falta que acabes con todos los monstruos hoy,
deja alguno para otro día...

*Yo iba dándole parte de cada uno de mis progresos, infor-
mándole puntualmente cada vez que conseguía que algún
monstruo desapareciera. Así me sentía más segura.*

E.: *Creo que yo podría ayudar a la gente a sacar sus monstruos fuera, creo que sería capaz. Es que la gente tiene
muchos monstruos dentro, ¿sabes? Claro, ya entiendo...
Entonces tú a lo que te has dedicado es a inventar los "me-
canismos" para que la gente aprenda a sacar sus monstruos
fuera... Claro, claro....*

*En un momento dado, me encuentro reviviendo el momento
de mi nacimiento, como visto desde fuera del vientre de mi
madre. Veo a mi madre muy joven, una niña.*

E.: *Mi madre es..., pero si es una niña..., tan joven... Yo nací
por cesárea porque mi madre tenía miedo de sus monstruos
y no supo sacarlos fuera para que yo pudiera también salir.
Pero es que, claro, ¡era una niña! Y mi padre... también un
niño... Dos niños perdidos...*

*Empecé a necesitar echarme cada vez más agua por el cuer-
po. Por los brazos, por la cara, por la cabeza. Sentía que así
me limpiaba de alguna manera. Pedía agua continuamente
hasta estar toda empapada.*

   *Me solté el pelo de la coleta. Y entonces apareció una vi-
sión en la que una luz blanca/amarilla surgió desde lo alto
e lo inundó todo. Y aparecieron varias vírgenes, a ambos
lados. No era una visión, era algo más: yo misma me sentía la Virgen. La luz inundaba todo el "espacio" y todo mi
cuerpo. Un gozo inconmensurable, junto con otras emociones que soy incapaz de describir con palabras, me acompa-
ñaba. Mis brazos y mis manos estaban invadidos de una vi-*

bración fina que había venido de lo alto y había entrado por mi cabeza. Yo sentía que, desde lo alto, se me estaba concediendo un don: una energía divina y sanadora. Una sensación parecida la había tenido en sesiones de vibración y respiración de los días previos. Tuve la sensación, al igual que en esos trabajos, de repartir esa energía curativa a todo lo que me rodeaba. Con movimientos suaves de los brazos iba recogiendo esa energía del cielo y la iba distribuyendo en la horizontal al grupo. Era como si yo fuera el centro receptor de esa fuente de energía divina y quisiera que sus efectos beneficiosos llegaran a los demás. En aquel momento empecé a cantar el Ave María de Schubert. No tengo palabras para expresar el gozo que sentí en aquellos momentos. Ni creo que las haya.

Las fases de subida a la luz se sucedían con las de bajada al inframundo. Surgía en mí la duda de si debía seguir matando monstruos, de si estaba limpia del todo. Creo que mi personaje de "la perfecta" me estaba jugando una mala pasada al querer dejarlo todo como una patena. También surgió el patrón de control, de querer tener a todos los monstruos a buen recaudo para que no aparecieran.

Entro ahora a explicar una parte del viaje que no sé cómo describir con palabras. Me vienen a la cabeza las palabras "viaje cósmico", "visiones del cielo", "contacto con Lo Otro". Recuerdo dos "entradas" en este tipo de visiones. Las entradas se producían con movimientos ascendentes. La que recuerdo mejor es la última. Era como si mi cuerpo se elevara en una vertical perfecta hacia el cielo y todo él atravesara la frontera invisible que separa un mundo inferior de otro que está en lo alto. Ese viaje ascendente se producía a una velocidad que daba vértigo, y en aquellos instantes desde los pies a la cabeza una energía que yo sentía como una vibración muy fina recorría todo mi cuerpo.

La entrada a este mundo superior fue acompañada de la desaparición de los límites de mi cuerpo físico: en este mundo YO no tenía un cuerpo, pero no perdía mi sensación de SER, sólo que lo que sentía es que mi YO formaba parte de un TODO; un TODO en el que no había NADA, sólo VACÍO. Después de esto, el Sutra del corazón ha cobrado sentido para mí. Soy incapaz de describir ese espacio cósmico. Las palabras que normalmente utilizo para describir un suceso me resultan inútiles. ¿Había allí un espacio, un tiempo, un sonido, unos colores? Sí, pero soy incapaz de describirlos con palabras. Había estrellas, había vacío, no había nadie, pero a la vez yo tenía la sensación de que allí estábamos todos los que somos, los que hemos sido y los que seremos, en un espacio en el que no existía fuerza de la gravedad y en el que todo parecía estar suspendido en una "atmósfera" en la que todo parecía ir a cámara lenta. Yo (por llamarlo de alguna forma, porque perdí la sensación de que existiera un yo diferenciado de ese universo) parecía flotar en una especie de "fluido cósmico", un espacio en el que todo eran respuestas a preguntas que me he formulado sobre el origen de la vida y el final de la misma. Aquí no hay preguntas, hay sólo respuestas. De este "¿mundo/espacio/universo?" venimos, allí vamos cuando morimos, TODO está ahí. En aquellos momentos me venían las frases ¡Claro! Tenía ante mí la visión de lo que más asemejo a lo que considero que debe ser el CIELO. ¡Claro! ¡Es todo tan sencillo! No soy UNA, soy parte de un TODO. Venimos todos del mismo universo, vamos todos al mismo universo, un universo que no tiene límites físicos, en el que el espacio no es tridimensional, en el que el tiempo parece que está detenido, en el que no hay inicio y fin de la vida porque TODO es vida.

Unas semanas después del viaje, leyendo el libro de Víctor Hugo La leyenda de los siglos, sentí la necesidad de escribir sobre esta parte de la toma de otra forma. Aquí está el relato:

La sobrecogedora visión de mi entrada en un universo sin
    límites,
la levedad con que mi ser flotaba en ese espacio,
un espacio vacío, a la vez que lleno de una energía cósmica
donde no había nadie, pero estábamos todos,
donde no había NADA, pero estaba TODO,
donde no había preguntas, tan sólo respuestas,
donde no existían los sentidos, pero mi percepción era ili-
    mitada,
el "lugar" de donde venimos y a donde vamos todos y todo,
aunque nunca hemos llegado realmente a salir de allí,
donde todo es armonía, donde no cabe la más mínima per-
    turbación,
donde no tienen cabida los pensamientos: ¿para qué los iba
    a haber?
Lo más parecido al cielo que mi mente puede imaginar,
el mejor regalo divino que se me podía conceder.
No hay lugar para un yo y tú, ni nosotros y ustedes,
ni éste y aquello, ni éstos ni aquéllos,
porque yo, tú, nosotros, ustedes, éstos y aquéllos
formamos un TODO, en el que sólo hay VACÍO,
VACÍO en el que no existe NADA, pero que lo contiene TODO,
de donde TODO proviene, a donde TODO se encamina,
aunque nunca nada haya salido de allí.
Un espacio en el que todo fluye, aunque la quietud lo habita.
En un cosmos que es continente y contenido,
en el que estamos, pero a la vez lo integramos,
que no tiene límites físicos, porque es inconmensurable,
que está a la vez vacío y lleno,
en el que se pierde la pobre y falsa conciencia de un yo li-
    mitado
cuando se ENTIENDE desde la CONCIENCIA que en realidad
ese yo no existe de forma aislada, sino como parte de un TODO,

de una ¿CONCIENCIA CÓSMICA?
Un cosmos en el que no cabe ningún apego
porque no hay NADA a lo que apegarse,
porque no hay diferencia entre mi yo y el objeto de mi apego;
no hay nacimiento ni muerte,
ni miedo a nacer o a morir,
porque nunca hemos dejado de SER,
porque cada uno somos parte del otro
para, entre todos y todo, formar LO OTRO.

Ante lo que me encontré en aquel mundo surgió una exclamación de asombro, como la de un niño que entra en la tienda de juguetes más maravillosa del mundo. Pronuncié un ¡oooooh! que empezó con una sensación de asombro ante lo que veía y se fue transformando en un gozo y un sentimiento de gratitud por permitirme entrar a ver lo que para mí es ¿el cielo? Entonces, sonreí ante lo maravilloso que se me estaba mostrando y un llanto gozoso me invadió, y en aquel instante sentí la necesidad de tocar la mano de I., que tenía en mi espalda, y había sido la guía que me había acompañado en el viaje, que me había sujetado ante el vértigo que suponía subir a aquel mundo maravilloso. I., ¿lo estás viendo? Esto es… esto es… No hay palabras… Fue un gesto que era una mezcla de gratitud y de querer compartir con él lo que para mí era, sin duda, el regalo más grande que había recibido nunca de ese alguien al que voy a llamar DIOS.

Empecé a cantar un ícaro*: «El cielo, las estrellas y la luna… El cielo, las estrellas y la luna».*

No recuerdo si fue antes o después, pero también canté otro ícaro*: «No, NADA; no, SIN AMOR… No NADA; no, SIN AMOR…».*

Después de esta visión estuve hablando con I. mucho… mucho rato.

E.: I., ¿yo tengo algo?

I.: ¿Algo?

E.: Es que yo creo que tengo algo, que tengo... una fuerza.

I.: Eso es.

E.: Creo que esa fuerza puede servir para ayudar a otras personas a echar fuera sus monstruos. Porque la gente está llena de monstruos, ¿sabes? He descubierto en mí esa fuerza, y se está entrenando.

I.: No, se está puliendo.

E.: Creo que con esta fuerza yo podría servir de ayuda a los demás. Ufffff... Tengo que cambiar de trabajo. [...] ¿Esto que he visto se puede hablar con la gente?

I.: Con alguna, sí.

E.: ¿Tú puedes ver los monstruos de la gente?

I.: Sí.

E.: ¡Qué pasada! C. lo sabe, J.A. lo sabe. Saben el "secreto". Saben –y lo han experimentado– que en realidad TODO está en ese universo en el que se me ha permitido entrar. Tengo que llamar a J.A. [...]. Ahora entiendo lo de los monstruos. ¿Yo nací por cesárea porque mi madre no fue capaz de sacar a sus monstruos? Mi madre tenía miedo de sus monstruos y por eso no pudo dar a luz a su hija. [...] I., por favor, recuérdame esto que te estoy diciendo mañana, ¿vale?

Es que creo que hay cosas que voy a olvidar. Y no quiero olvidarlas.

Luego ya el coco entró de lleno.

E.: ¿Cómo se para el proceso?

Me daba la sensación de que no iba a bajar nunca a "la tierra".

I.: El proceso se para solo.

Me entró miedo de no volver, de quedarme ahí "flotando" para siempre. También me daban miedo las visiones de luz, por si me "iluminaba" del todo y me moría al irme con la luz. También sentí que aceptar el poder de percibir conlleva una responsabilidad enorme, porque si lo aceptas tienes el deber de utilizarlo para ayudar a la gente. Y eso supone una transformación de la vida cotidiana. Y con ella el miedo a la transformación.

Se mezclaba el miedo a no aterrizar con una sensación de estar disfrutando de estar todavía "al otro lado".

I.: E., ¿por dónde vas? ¿En qué kilómetro estás?

E.: Je, je. Me quedan cien metros. Y es que tengo aquí al lado al señor éste de la armadura. Y a la panterita.

Empiezo a descender. Los sonidos se perciben de forma diferente. Están en el exterior, pero a la vez los siento dentro de mí. Oigo el ruido de una lluvia intensa, a la vez lejos, a la vez cerca. Algo desciende dentro de mí, aparte de la lluvia. Supongo que tendré que volver al otro lado, ¿no? Doy gracias porque se me haya concedido el regalo de entrar en aquella realidad. Sigue lloviendo a cántaros en medio de la selva. Y yo continúo preguntándome cómo voy a volver a la realidad que creía conocer. Un caballero con armadura está tumbado a mi lado. Tengo miedo a abrir los ojos. ¿Seguiré percibiendo todo aquello en este lado? ¿Volverá a aparecer mi sombra con toda su crudeza? Noto que sigo bajando, la lluvia cada vez es más fuerte, es casi ensordecedora. Disfruto de la bajada y a la vez recelo de volver al mundo que creía conocer tan bien. «¡Fortaleza!», me repito. Parece que se acerca el momento de volver. Pero ¿realmente estoy volviendo? ¿Hay diferencia entre aquello y esto? Al fin abro los ojos. El mundo sigue ahí. En realidad, no llueve, era el vapor lo que oía... Intuyo que no hay diferencias entre aquel lado y éste, que es mi estado el que cambia y con él la forma en que lo percibo todo. Aquélla y esta realidad son la misma realidad. Entonces me acuerdo del ícaro: «No hay fronteras... no hay límites...».

Parte III

EPÍLOGO

CHAMANISMO
EN EL TERCER MILENIO

EL PORQUÉ DE SU FUERZA HOY

Es lógico preguntarse, como lo hacen teóricos e investigadores, sobre el porqué de esta irrupción del chamanismo en nuestro cómodo y desestabilizado mundo.

La percepción del mundo y de la vida desde parámetros no mecanicistas ha estado muy presente en los orígenes de la civilización occidental. Recordemos a Parménides y el mundo de lo inalterable: el *nunc stans* sin límites, y a Heráclito y el *nunc fluens* que no cesa. Para Platón (1996), el *alma* como entidad fértil está incrustada en el cuerpo como una ostra en su caparazón, y además ha de llegar a saber cómo salir del caparazón, la *cueva*, para ver la luz primigenia y saber también volver para transmitirlo. Sócrates habla de que, si el alma puede tomar aunque sea una pequeña distancia del cuerpo, entonces puede percibir el verdadero ser. Los curanderos en España, según sabemos por sus testimonios, posiblemente accedan a una fuente no lejana a los chamanismos descritos, a pesar de que no tenga tanta prensa. Poco hay descrito sobre ello (Ferricgla, 1994).

Su fuerza hoy radica para muchos investigadores en la necesidad de que el mundo occidental, metido de lleno en la visión mecánica y material del mundo, está entrando en la desesperación, puesto que, como es de dominio público, ya no sabe a dónde va. Ha abandonado su propia tradición y, al fabricar un blindaje basado en la máquina, el orden causal controlable y el mercantilismo, paradojas de la vida, se ha convertido en su propio agujero, controlable pero desesperante y antivital. Tal vez forme parte del proceso. Esto podría explicar la irrupción en nuestra cultura de otras formas de concebir el mundo. El chamanismo es una de ellas.

APORTES Y SALIDAS

- Encontrar curación.
- Recuperar la sombra (lo que no queremos ver de nosotros ni personal ni socialmente).
- Encuentro con la brújula interior.
- Encuentro con el sentido de la vida.

DOS VERTIENTES:
PSICOTERAPIA Y MEDICINA

Profesionales de la salud como médicos, psicólogos o psiquiatras se han interesado por formarse en estas tradiciones y se han aventurado en sus prácticas, creencias e iniciaciones, realizando investigaciones sobre estos estados de conciencia a fin de incorporarlos en sus consultas y métodos de trabajo. Se investiga en relación con los procesos psicosomáticos, vivencias oníricas, meditación, psicodélicos, experiencias "místicas", hasta efectos bajo placebos.

Es importante reseñar que a niveles deontológicos el papel de la ética es incuestionable en este tipo de aprendizaje, por ello la necesidad de limpieza previa a la que alude constantemente el verdadero chamán. Limpieza del odio, la avaricia, el poder celoso y la mente destructiva. La necesidad de calma y fuerza ante las visiones, y saber valorar de forma impecable el miedo y el peligro. La ética obviamente no es sólo privativa de estas preparaciones.

• En psicoterapia uno de los éxitos de la tecnología chamánica es su aporte pragmático. Algunos investigadores han llamado la atención sobre estos fenómenos por su efectividad en la transformación física y psíquica de las personas. Bastan algunas sesiones de técnicas chamánicas, el uso de tambores, ejercicios físicos, etc. para producir un poderoso *insight* que es utilizado por terapeutas para la toma de conciencia de sus pacientes. Este *insight* puede ser desarrollado posteriormente en la psicoterapia convencional. Podemos decir que el chamanismo proporciona métodos que producen una reconexión del hombre informático con su naturaleza interior, rompiendo los esquemas defensivos de una mente adiestrada en la causalidad y el control. El chamanismo ofrece algo más que un tratamiento tecnológico y una prescripción farmacéutica, y es un método que devuelve al ser humano a su autenticidad. Existen centros en el Amazonas, Brasil, Perú, etc., donde se están realizando investigaciones del uso de determinadas plantas en psicoterapia, muchas de ellas dirigidas a drogadictos. Estas sesiones en ciertos casos están dirigidas por chamanes, o simplemente por expertos en el uso de plantas fuera de un contexto chamánico. Esta variante implica una discusión interesante en el sentido de que las plantas pertenecientes a una sabiduría chamánica y utilizadas en ese contexto puedan ser usadas como medicinas fuera del orden chamánico. Hay bastantes investigaciones en esta vía (Krippner y Sulla, 2000; Grob y Callaway, 1996).

Técnicas como la de la imaginación activa o los análisis de sueños ya fueron desarrolladas por Jung. Hoy día se utiliza la meditación y las visualizaciones guiadas, la hipnosis,

etc. Michael Harner (1987) –aplicando tecnología chamánica–, ante las críticas a sus seminarios intensivos, propone
efectividad y una urgente preparación en los estados interiores ante la imparable destrucción del mundo, y además ha
comprobado que la mayoría de la gente tiene capacidad para
entrar en viajes chamánicos a partir de sonidos de tambores
y danzas. Recordemos los procedimientos de la enseñanza
desconocida de Gurdjieff (1982) y Ouspensky (1968) desa-
rrollados a principios del siglo xx en Europa y paralelos a estas tradiciones. Muchas de estas técnicas están basadas en la
creatividad y en lo imaginario, y reconocidas como muy curativas y clarificadoras de la vida personal. También se puede acceder a vivencias más profundas que algunos ya reconocen como *exosomáticas*.

Toda esta tecnología está basada en inducir estados no ordinarios (expandidos) de conciencia reconocidos como un
poder liberarse, aunque sea momentáneo, de la tiranía de la
mente, entendiendo que la mente no es una enemiga. Claudio
Naranjo (1973, 1999) ha sido otro de los pioneros en todo
este tipo de búsqueda y ha expuesto sus propios procesos.
También Yensen (1999). Las tendencias imparables hacia las
vivencias psicodélicas –muchas de ellas silvestres y algunas
accidentadas– y la búsqueda de las tradiciones meditativas
también forman parte de esta necesidad.

Ante nuestra desaforada vida y la sed de respuestas para
cada vez un mayor número de personas, necesitamos el valor
eficiente para reconocer lo que no tenemos: el poder transformador y unas condiciones adecuadas para la práctica, puesto que según las investigaciones existen tendencias innatas
para llevarlas a cabo. Parece imprescindible recuperar el papel de la enfermedad y del sufrimiento, la sombra de la que
somos responsables y que constituirá el combustible de nuestra evolución lejos de trivialidades maquinistas y de la anes-

tesia como cultura. Por ello en el saber chamánico, tan antiguo como antes del tiempo, la enfermedad precisamente es validada como camino en medio de la naturaleza como *maestra iniciática*.

• En cuanto a la medicina, el chamanismo empieza a cobrar relevancia exponiendo los investigadores en este campo el papel crucial del valor del *curador,* y criticando que a veces el profesional dedicado a la curación carece de esta característica.

Larry Dossey (1988), ex jefe del personal del Medical City de Dallas, propone la necesidad de investigar sobre una teoría científica respetable de la mente y de la conciencia. Partiendo de su experiencia, pone de manifiesto que el médico moderno vive en un mundo desapasionado y mecánico, y el chamán, en un mundo encantado. Es necesario sintonizar con nuestra vida interior y tener en cuenta que los trastornos emocionales acaban en trastornos cardiovasculares. Y que la meditación y el reposo han dado fruto incluso en trastornos de inmunodeficiencia. El chamanismo puede tener un papel importante para que el paciente se reencuentre con los viejos significados y la reinterpretación de otros nuevos, y llegue a alcanzar la capacidad de conocer la base de toda experiencia. Para el médico puede suponer un reencanto con la curación como profesión, puede introducir dinamismo y resucitar el cadáver de la medicina moderna. Jeanne Achterberg (1988), profesora de psicología clínica y medicina física en Texas, considera básico el reto del *curador herido* como elemento de transformación para la medicina moderna. Entiende que la discordancia, el miedo y la pérdida del alma son causas de enfermedad y que los síntomas que describe la medicina occidental concuerdan con las descripciones chamánicas, resultando ser epifenómenos de problemas más básicos. Para Achterberg *la pérdida del alma* es el diagnóstico más grave de la nomenclatura chamánica, causa principal de la enfermedad y de la muerte, principio que en absoluto se menciona en la medicina moderna. Sin embargo, sí que es posible entenderlo desde una lesión en la esencia de la persona que se manifiesta como desolación, deterioro inmunológico, cáncer y otras enfermedades graves. Y parece que pueden darse a partir de un profundo fracaso del individuo.

Conclusión

De la revolución industrial a la revolución interior

La evolución de la ciencia moderna también ha sido consecuencia de un reto. Se sabe que desde Newton grandes científicos no permanecieron sujetos a un parámetro materialista y mecánico, aunque lo utilizaran como sistema metodológico, sino que fueron más allá y siempre investigaron sacudidos por el asombro y la emoción de una realidad que cuanto más avanzaban, más incontrolable y desconocida se mostraba.

En la ciencia actual y poderosa que también tuvo que luchar para salir del oscurantismo, el sujeto estudia el objeto siempre al margen del sujeto y trata de conocer las leyes sobre cómo se organiza la materia. El método hipotético-deductivo saca unas conclusiones a partir de la observación que son validadas por un escrutinio público uniforme. Pero hoy el oscurantismo regresa bajo la soberbia de reducir la vida a materia mecánica rentable. Y como consecuencia al ser humano –como máquina genética programada– se le desprovee de responsabilidad y así se convierte en el súmmum del individualismo amoral, despeñándose en la decadencia y "blindándose" a base de poder consumir-producir objetos en su

mayor parte ilusorios. Una sociedad deslavazada entre imágenes químicas y amenazada por el verdugo integrista. Si al
final, en el nombre de Alá o de la química, llega esta amena-
za, quizás sólo encuentren dos viejos pornográficos exhaus-
tos en el adosado. Todo ello en el imperio de la información
como "poder" que o distrae o satura dentro de una tendencia
social generalizada hacia la inmadurez, como admiten ya algunos críticos.

Por ello en un mundo en el que avanza más su ciencia que
su conciencia, tratando de someter la bioquímica a base de
querer fabricar los recipientes de la vida, energía que siempre
estará lejos de su alcance, urge hoy la *revolución interior* su-
perada ya la *revolución industrial*. La Tierra como espacio de
vida estaba ya antes de que el hombre llegara, pero este dato
parece que no interesa, se rompe el espejismo del "yo grandioso" y de los "superyoes tiránicos". Hoy el chamán verdadero, probablemente sin imagen al gusto occidental, se guar-
da un as en la manga, y tal vez como otros portadores de la
verdad sin tiempo lo ofrezcan a los atrevidos cuya intención
sea dar el nuevo salto que la humanidad está esperando. En
la actualidad, hasta los más racionalistas admiten ya que algo
se avecina. ¿Qué es? Simplemente que la natura siempre escapa a nuestro control.

Por ello, en este otro tipo de conocimiento –el de la historia del SER–, el sujeto investiga y rebasa la materia, y además
se abre a un mundo de investigación en el que no hay separación entre su *sí mismo* y el mundo, lo exterior y lo interior. Y
en ese universo inabarcable intenta extraer leyes que sirvan
para explicar la vida que está más a mano: el poder de curar.
Cuanto más aplicable sea esa ley, mayor será su veracidad
partiendo de que aplicar no es someter.

Cabe una reflexión sobre nuestro mundo civilizado, a pesar de los avances científicos, y nuestras poderosas medici-

nas: la enfermedad, el cáncer, extrañas enfermedades autoinmunes, mutaciones de los virus en lo que parece ser un juego macabro de la naturaleza, enfermedades mentales, intereses mercantiles y de poder, cada vez mayores desestabilizaciones sociales y políticas, cuando no desastres ecológicos, aumento de la temperatura, escasez de agua, contaminación, amenazas nucleares y biológicas, etc., que dan a entender que algo falla. A nuestra ciencia se le escapa "algo" para construir un *mundo feliz*. Y aunque sus éxitos son indiscutibles en el mundo de las estructuras mecánicas que han llegado a cambiar la faz del planeta, difícilmente puede explicar cómo funciona la mente y aun menos la naturaleza de la conciencia. Los futuribles no son científicos.

En el saber sobre el que hemos desarrollado este escrito no hay telescopios ni microscopios ni disecciones. Esta metodología implica también materia, una tecnología que coloca al individuo en disposición de conocerse a sí mismo (y conocerás al universo) y además conocer a través de *sí mismo*. O sea que el propio ser humano es el instrumento de conocimiento y, por lo tanto, su saber conlleva transformación más que acumulación, lo cual implica una diferencia significativa con respecto al método científico en el que el saber es sólo sobre la composición y la mecánica del objeto e implica para el científico mucha acumulación y apenas transformación. El saber del conocimiento antiguo lleva consigo un cambio de estado del conocedor y, al parecer, ello le permite acceder a las leyes de la "inmateria" que posiblemente gobernarían las leyes de la materia. Es como si estos chamanes pudieran asomar la cabeza por fuera de la cueva de Platón y quién sabe si su método podría ofrecernos salir de la prehistoria mecánica. En ningún caso su extraño saber debería ser juzgado como oscurantista.

Y así como esos científicos del siglo XX se posicionaron frente al misterio hasta llegar al fin de la materia, tal vez el mismo misterio nos lleve a buscar esas leyes universales de las que los griegos ya hablaban y a las que parecen dirigirse las teorías unificadas en la ciencia, así como el mito razonable de una teoría del todo. Hoy día esa búsqueda, por razones de necesidad de este amenazado mundo, nos lleva a la investigación de estos extraños estados de conciencia y a un vacío emergente (inmaterial) del que apenas sabemos. ¿Tal vez la ciencia del siglo xxi?

BIBLIOGRAFÍA

Achterberg, J. (1985). *Imagery in Healing: Shamanism and Modern Medicine* Boston: Shambhala.

—. (1989). «El curador herido: viajes transformadores en la medicina moderna». En: G. Doore. (ed.). *El viaje del chamán*. Kairós: Barcelona.

Aguirre, C. (2000*a*). *Visionarios*. Madrid: Sugerencia Editorial.

—. (2000*b*). «Chamanismo y salud». *Visionarios I, 27-36*. Madrid: Sugerencia Editorial.

Amaringo, P.; Luna L.E. (1991). *Ayahuasca Vissions*. Berkeley: North Atlantic Books.

Almendro, M. (1995). *Psicología y psicoterapia transpersonal*. Barcelona: Kairós.

—. (ed.) (1999). *La consciencia transpersonal*. Barcelona: Kairós.

—. (1997). «Chamanismo mazateco». En: J.M. Poveda (ed.). *Chamanismo, el arte natural de curar*. Madrid: Temas de Hoy.

—. (1997). «Chamanismo y terapias». En: J.M. Poveda (ed.). *Chamanismo, el arte natural de curar*. Madrid: Temas de Hoy.

—. (1999). *La consciencia transpersonal*. Barcelona: Kairós.

—. (2000). «The Healing Power of Shamanism». *International Journal of Transpersonal Psychology*. Vol.19, págs. 49-57.

—. (2002). *Psicología del caos*. Vitoria: Ediciones La Llave.

—. (2004). *Psicología transpersonal: conceptos clave*. Barcelona: Martínez Roca, Planeta.

—. (1990). «La experiencia del hongo sagrado». *Año O*, nº 4, págs. 64-68.

—. (1996). Experiencias chamánicas, vivencias místicas. Entrevista a Michael Harner. *Más Allá*, 92, págs. 70-75.

—. (1995). Stanislav Grof. El nuevo Paradigma. Entrevista. (Interviewing Stanislav Grof) *Próximo Milenio*, nº 24, pp. 56-61.

Álvarez, J. (1997). *Mística y depresión*. Madrid: Trotta.

Aurobindo, Sri (1991). *Savitri*. Barcelona: Fundación Sri Aurobindo.

Belloc, A.; Sandín, A.; Ramos, F. (1995). *Manual de psicopatología*. (2 volúmenes). Madrid: McGraw Hill.

Bouso, J.C. (2003). *Qué son las drogas de síntesis*. Barcelona: Integral.

Calvo, C. (1981). *Las tres mitades de Ino Moxo*. Iquitos, Perú; Gráfica Labor.

Campbell, J. (1993). *El héroe de las mil caras*. México: Fondo de Cultura Económica.

Caro, V. (2000). «La experiencia del éxtasis». *Visionarios I, 37-46*. Madrid: Sugerencia Editorial.

Combs, A.; Krippner, S. (2003). «Process, Structure, and Form: An evolutionary Transpersonal Psychology of Consciousness». *International Journal of Transpersonal Studies*. Vol. 22, págs. 47-60.

Cowan, T. (1996). *En la senda del chamán*. Barcelona: Integral.

Centro Cultural San Marcos (2005). *La soga de los muertos*. (Catálogo) Lima: Biblioteca Nacional del Perú.

Davis, W. (2004). *El río*. Valencia: Pretextos.

D'Espagnat, B. (1995). *Veiled Reality*. Massachusetts: Addison Wesley.

Dodds, E.R. (1980). *Los griegos y lo irracional*. Madrid: Alianza.

Domingo, A. (1991). *La madre de la voz en el oído*. Madrid: Fundamentos.

Doore G. (1988). *El viaje del chamán*. Barcelona: Kairós.

Dossey, L. (1988). «La vida interior del curador: importancia del chamanismo para la medicina moderna». En: G. Doore. (ed.). *El viaje del chamán*. Kairós: Barcelona.

Escohotado, A. (1990). *El libro de los venenos*. Mondadori: Madrid.

Eliade, M. (1994). *El chamanismo y las técnicas arcaicas del éxtasis*. México D.F.: Fondo de Cultura Económica.

—. (1973). *Mito y realidad*. Madrid: Guadarrama.

Estrada, A. (1977). *Vida de María Sabina*. Siglo XXI. México D.F.

—. (1996). *Huautla en tiempos de hippies*. México D.F.: Grijalbo.

Evans Shultes, R.; Raffaut, R.F. (1992). *El bejuco del alma*. Universidad de Antioquia. Colombia.

—, Hofmann, A. (1994). *Plants of The Gods*. Rochester, Vermont: Healing Arts Press.

Fadiman, J.; Grob, Ch.; Bravo, G.; Agar, A.; Walsh, R., (2003). «Psychedelic Research Revisited». *Journal of Transpersonal Psychology*. Vol. 35, págs. 111-126.

Fernández de Oviedo, G. (1959). *Historia general y natural de las Indias Occidentales*. 5 vols., Madrid: BAC.

Fericgla, J.M. (1994). *El hongo y la génesis de las culturas*. Barcelona: Liebre de Marzo.

—. (1994). *Los jíbaros, cazadores de sueños*. Barcelona: Integral.

—. ed. (1997). *Los enteógenos y la ciencia*. Barcelona: Liebre de Marzo.

Gilgamesh (2006). J. Silva (ed.). Barcelona: Kairós.

Giove, R. (1992). «Acerca del *ícaro* o canto chamánico». *Takiwasi,* n° 2. I (7-10). Tarapoto.

—. (1993). «Madre Ayahuasca». *Takiwasi,* n° 1. I(7-27). Tarapoto.

—. (1992). «Descubriendo la cuadratura del círculo». *Takiwasi,* n° 5. III (7-10). Tarapoto.

—. (2002). *La liana de los muertos, al rescate de la vida.* Takiwasi. Devida. Tarapoto

Gödel, K. (1985). *Obras completas.* J. Mosterín y otros (trad.). Madrid: Alianza Editorial.

González, E. (1996). *María Sabina.* México D.F.: Publicaciones Cruz.

Gordon, R. (1974) «Maria Sabina and her Mazatec Mushroom Velada». *Ethno-mycological Studies N.3.* Nueva York: Harcourt, Brace, Jovanovich.

—, Hofmann, A., Ruck, C. A. P. (1978). *The road to Eleusis: unveiling the secret of the mysteries.* Nueva York: Harcourt, Brace, Jovanovich.

—, Hofmann, A.; Ruck, C.A.P. (1984). *El camino de Eleusis.* México D.F.: Fondo de Cultura Económica.

Gordon Wasson, R. Kramrisch, Ott J Ruck, C.A.P. (1992). *La búsqueda de Perséfone.* México DF: Fondo de Cultura Económica.

Grob C.S.; Callaway J. (1996). «Human pharmacology of hoasca». *Journal of Nervous and Mental Disease,* 184, págs. 86-94.

Grof, S. (1999). «Evolución de la consciencia y supervivencia planetaria; raíces psicológicas de la ambición humana». En: M. Almendro (ed.). *La consciencia transpersonal.* Barcelona: Kairós.

Gurdjieff, G.I. (1982). *Encuentros con hombres notables.* Barcelona: Kairós.

Harner, M. (1987). *La senda del chamán.* Madrid: Swan.

Hernández, F. (1960-1984). *Obras completas.* 7 vols. México D.F.: Unam.

Hofmann, A. (1980). *LSD, my problem child.* Nueva York: McGraw-Hill.

—. (1997*a*). *Mundo interior, Mundo exterior.* Barcelona: Liebre de Marzo.

—. (1997*b*). «Química y destello vital». *Archipiélago, 28, Drogas: Substancia y Accidente, 19-26.*

Huxley, A. (1977). *Las puertas de la percepción.* Barcelona: Edhasa.

Incháustegui, C. (1994). *La mesa de plata.* México D.F.: I. Oaxaqueño.

Jaspers, K. (1970). *Psicopatología.* México D.F.: Fondo de Cultura Económica.

Kohut, H. (1977). *Análisis del self.* Argentina: Amorrortu.

Krippner, S.; Villoldo, A. (1976). *The Realms of Healing.* Celestial Arts.

Krippner, S.; Winkelman, M. (1983). «María Sabina: Wise lady of the mushrooms». *Journal of Psychoactive Drugs*. Vol. 15, págs. 225-228. San Francisco.

Krippner, S. (1987) «Dreams and Shamanism». En: S. Nicholson (ed.). *Shamanism* (125-132), Wheaton, III: Quest.

—. (1990). «Tribal Shamans and their Travels into Dreamtime». En: S. Krippner (ed.). *Dreamtime and Dreamwork Decoding the Language of the Night*. Los Ángeles: J. Tarcher, págs. 185-193.

—. (2000). «The technologies of Shamanic States of Consciousness». *The Journal of Transpersonal Studies*, vol. 7, págs. 93-118.

Krippner, S.; Villoldo, A.; Welch, P. (1992). *Spiritual Dimension of Healing*. Nueva York: Irwington Publishers.

Krippner, S.; Sulla J. (2000). «Identifying Spiritual Content in Reports From Ayahuasca Sessions». *International Journal of Transpersonal Psychology*, vol.19, págs. 59-76.

Krishna, G. (1988). *Kundalini*. Barcelona: Kairós.

Luna, L.E.; Amaringo, P. (1991). *Ayahuasca Vissions*. Berkeley: North Atlantic Books.

Mabit, J. (1999). «La mujer sin cabeza y el hombre sin corazón». En: M. Almendro (ed.). *La consciencia transpersonal*. Barcelona: Kairós.

McKenna, T. K. (1993). *Foods of the Gods*. Nueva York: Bantam Books.

Miranda, J. (1997). *Curanderos y chamanes de la sierra mazateca*. México D.F.: Gatuperio Editores.

Monardes, N. (1989) *La historia medicinal de las cosas que se traen de nuestras Indias Occidentales (1565-1574)*. Madrid: Ministerio de Sanidad y Consumo.

Monserrat, J. (1995). «¿Está realmente el mundo en mi cabeza? A propósito de J.J. Gibson y D. Marr. *Pensamiento*, 200 (51), págs. 177-213.

—. (1995). «Lectura epistemológica de la teoría unificada de la cognición en Allen Newell». *Pensamiento*,199(51), págs. 3-42.

—. (1998). *Percepción, conciencia, conocimiento*. Apuntes de la UNAM.

Maturana, H.; Varela, F.J. (1997). *The Tree of Knowledge: The Biological Roots of Human Understanding*. Boston: New Science Library.

Naranjo, C. (1973). *The healing Journey*. Ballantine. New York.

—. (1999). «Fisiología y experiencia del itinerario chamánico». En: M. Almendro (ed.). *La consciencia transpersonal*. Barcelona: Kairós.

Narby, J. (1998). *The cosmic serpent. DNA and the origins of knowledge*. Nueva York: Jeremy P. Tarcher/Putnam.

—. Huxley F. (2005). *Chamanes a través de los tiempos*. Barcelona: Kairós.

Neihardt, J. (1961). *Black Elk Speaks*. Lincoln: University of Nebraska Press.
—. (1984) *Alce Negro Habla*. Hesperus. José J. de Olañeta, Editor. Palma de Mallorca.
Obiols, J.E.; Obiols J. (1989). *Esquizofrenia*. Barcelona: Martínez Roca.
Ott, J. (1993). *Pharmacotheon: entheogenic drugs, their plant sources and history*. Kennewick, Washington: Natural Products Co.
Otto, R. (1980). *Lo santo, lo racional y lo siniestro en la idea de Dios*. Madrid: Alianza Editorial.
Ouspensky, P.D. (1968). *Fragmentos de una enseñanza desconocida*. Buenos Aires: Hachette.
Panikkar, R. (1993). *Elogio de la sencillez: el arquetipo universal del monje*. Verbo Divino. España.
Palafox, M. (1985). *Violencia. Droga y sexo en los Hicholes*. México D.F.: INA.
Pániker, S. (1989). *Aproximación al origen*. Barcelona: Kairós.
Pardo Tomás, J. (2002.) *Oviedo Monardes Hernández. El tesoro natural de América*. Madrid: Novatores.
Platón (1954). *Cartas*. Edición de M. Toranzo Madrid: Instituto de Estudios Políticos.
—. (1996). *Diálogos*. Madrid: Espasa Calpe.
—. (2005). *Diálogos*. México: Porrúa.
Poveda de Agustín, J.M. (1997). *Chamanismo, el arte natural de curar*. Madrid: Temas de hoy.
Prigogine, I.; Stengers I. (1984). *Order out of Chaos: Man's New Dialogue with Nature*. Nueva York: Bantam.
Rasmussen, K. (1927). *Across Artic America*. Nueva York. G.P. Putnam.
—. (1929). *Intellectual Culture of the Iglulik Eskimos*. Copenhague: Gyldendalske. Boghandel, Nordisk Forlag.
Ríos, G. (1997). *Cuentos amazónicos*. Puca-Allpa.
Rof Carballo, J. (1970). *Rebelión y futuro*. Madrid: Taurus.
—. (1988). *Violencia y ternura*. Madrid: Espasa.
—. (1990). *Entre el silencio y la palabra*. Madrid: Espasa.
—. (1990). *Los duendes del Prado*. Madrid: Espasa.
Rof Carballo, J; del Amo, J.(1986) *Terapéutica del hombre*. Desclée de Brouwer. Bilbao.
Rowan, J. (1999). «La falacia pre-trans». En: M. Almendro (ed.) *La consciencia transpersonal*. Barcelona: Kairós.
Rubia, F.J. (2006). *¿Qué sabes tú de tu cerebro?* Madrid: Temas de Hoy.
Sánchez Ferlosio, R. (1998). «La forja de un plumífero». *Archipiélago, 31*, 71-89. El Triunfo de la Lengua.

Sheldrake, R. (1981). *A New Science of Life.* Rochester, Vermont: Park Street Press.

Shulgin, A.T. (1994). «El arte de ver». En: J.M. Ferricgla (ed.). *Plantas, chamanismo y estados de consciencia.* Barcelona: Liebre de Marzo.

—. (1997). «Los psicofármacos de diseño, presente y futuro». *Archipiélago, 28, Drogas: Substancia y Accidente, 61-65.*

Skinner, B.F. (1985). *Aprendizaje y comportamiento.* Barcelona: Martínez Roca.

Teresa de Jesús (1979). *Vida.* Madrid: Cátedra.

—. (1981). *Las moradas.* Madrid: Clásicos Frailes.

Toynbee, A. (1934). *A Study of History.* Nueva York y Londres: Oxford University Press.

—. (1948). *Civilization and Trial.* Nueva York: Oxford University Press.

Upanishads (2001). C. Martín (ed.). Madrid: Trotta.

Usó, J.C. (1996). *Drogas y cultura de masas.* Madrid: Taurus.

Varela, F.; Thomson, E.; Rosch, E. (1991). *The Embodied Mind. Cognitive Sciece and Human Experiences.* Cambridge, Massachusetts: Massachusetts Institute.

Walsh, R.N. (1990). *The Spirit of Shamanism.* Nueva York: Tarcher/Putnam.

—. (1999). «La búsqueda de la síntesis». En: M. Almendro (ed.). *La consciencia transpersonal.* Barcelona: Kairos.

—. (1999). «Disciplina de consciencia y ciencias de la conducta. Cuestiones comparativas y valoración». En: M. Almendro (ed). *La consciencia transpersonal.* Barcelona: Kairos.

—. (2003). «Entheogens: True or False». *International Journal of Transpersonal Studies,* vol. 22, págs. 1-6.

Washburn, M. (1988). *The ego and the Dynamic Ground.* Nueva York: New York Press.

Wasson, R.G. (1957). «Seeking the Magic Mushroom». *Life* 42 (19), págs. 100-120

Weil, P. (1995). «La normosis: las anomalías de la anormalidad». *Takiwasi, 3.* Tarapoto.

Wilber, K. (1999). *Integral Psychology.* Boston: Shambhala.

Yap, P. (1951). «Mental Diseases Peculiar to Certain Cultures: A Survey of Comparative Psychiatry». *Journal of Mental Science,* (April) 313-327.

Yensen, R. (1999). «Ayudando desde los límites de la vida: perspectiva de un terapeuta psicodélico». En: M. Almendro (ed.). *La consciencia transpersonal.* Barcelona: Kairós.